아동 영성 발달

김영주 저

학지사

들어가는 말

최근 몇 년간 영적인 주제에 관해 많은 연구가 이루어졌다. 우리는 이를 '영적인 붐'이라고 부른다. 여러 학문 분야에서 영적인 주제를 다루고, 영적 발달을 과학적인 시각에서 파악하고 있다. 영적 발달이 인간 발달, 인간 기능의 한 분야로서, 과학적 연구의 대상으로 인식되면서 영성의 개념과 기능에 대해서도 활발한 연구가 이루어지고 있다.

그 결과, 철학자들은 인간의 영성을 '자기 초월의 능력'으로, 심리학자들은 '인간에게 힘과 에너지 그리고 행동의 능력을 부여하는 원천'으로 파악한다. 사회복지 분야에서 일하는 사람들은 영성을 '인간의 통합적인 건강을 향한 인간의 갈망'으로, 종교학자들은 '거룩한 실재와의 관계에서 발생하는 자기 초월'이라고 파악한다 (손원영, 2009).

영성에 대한 개념 외에도 영성의 기능과 요인에 대한 관심도 각 학문 영역에서 증대되었다. 사회학자들은 종교성을 진화적 생존에 필요한 주요 요인으로 본다. 이들에 의하면 종교성과 영성이 집단의 응집성을 높일 뿐만 아니라 한 집단의 적에 대항해서 싸우는 데 공격성을 높이기도 한다고 언급한다.

국내에서도 영성에 대한 연구가 이루어지기 시작하였다. 1990년부터 2008년까지 상담심리학 분야에서 60편, 간호학 분야에서 50편, 사회복지학 분야에서 20편의 연구가 이루어졌다(김용환, 최금주, 김승돈, 2009).

이들이 분석한 바에 따르면, 심리상담학 분야에서는 내담자들의 자아 존중감 증진, 우울, 불안, 스트레스와 디스트레스 치유, 역기능 가정의 치유, 전인적 건강 회복, 영적 지도와 목회 상담, 영적 자아 발견, 영성 수련을 통한 수양과 수덕 및 생애 목적 변화, 그리고 MBTI나 에니어그램 및 동사섭(同事攝) 프로그램을 통한 영성 상담 등을 다루고 있다.

간호학 분야에서는 만성 질환이나 말기 환자의 통증 조절 및 죽음에 대한 두려움을 해소하기 위해 빠른 회복에 영향을 미치는 요인이나 간호 제공자들의 소진 예방을 다루고 있다.

또한 사회복지학 분야에서는 클라이언트의 문제 해결을 통한 삶의 질 향상, 영성 이론의 사회복지 실천이론으로서의 적용 가능성 연구, 탄력성과 영성, 노인의 질병과 삶의 질과의 관계, 사회복지 기관 종사자의 업무 만족과 소진 예방, 부부 갈등과 아동 학대에 있어서 영적 안녕감의 조절 효과, 폭력 노출 경험이 있는 초등학생의 공격성 감소 등에 대한 영성의 매개효과에 관한 연구가 이루어지고 있다고 하였다.

그러나 최근 영성과 관련한 학문적인 연구가 다양한 분야에서 활발히 이루어지고 있음에도 불구하고 아동의 영성에 관한 연구는 상대적으로 덜 이루어지고 있다. 그동안 영성에 관한 연구는 대부분 성인에 관한 연구였다. 최근 이루어지기 시작한 아동의 영성에 관한 탐색은 1996년 『국제 아동 영성 학회지(International Journal of Children's Spirituality)』, 2000년에 영국의 연구자들이 주최한 아동 영성에 관한 국제회의, 2003년에 다양한 분야의 종교학자, 인문학자들이 참석한 아동 영성(child spirit) 회의로 확장되었다.

영성에 대한 관심은 아동 교육 분야에서도 받아들여졌다. 영국의 1988년 「교육개혁법」에서 영성 교육에 대한 필요성이 강조되어, 아동의 영성 발달을 위해 학교 교육과정에 영적 영역을 포함시켰다(김정신, 2002a).

국내에서 아동을 대상으로 한 영성 연구는 아직까지 미미한 수준이지만, 김난예(2006)의 어린이 영성 계발 교육에 관한 연구나 몬테소리 교육학파를 통한 유아 영성 연구(김영미, 2010), 어린이 영성 교육을 위한 연구(유선희, 2010), 유아 영성의 이해와 그 교육적 적용에 관한 고찰(정정미, 2010), 영성 지향 유아교육의 목적 설정을 위한 연구(김정신, 2004), 영성 지향적 접근을 위한 유아교사 교육의 방향 탐색(김정신, 2005) 등이 있다. 이 연구들은 아동의 영성에 대한 개념과 목적 설정에 관한 연구로 아동 영성 연구의 시작을 알리는 것들이다.

이 연구들은 아동의 영성을 학문적 탐색의 대상으로 보고 이에 관한 개념을 정의하고 앞으로의 연구 방향을 설정하였으나, 아동 영성 발달과 교육에 관한 실천적 연구 내용 및 주제와는 거리가 멀다. 아동 영성 발달과 교육에 관한 연구로는 아동 영성과 정서 지능과의 관계에 관한 연구(고은이, 김양순, 2008), 감각적 영성 활동이 유아의 자기 효능감에 미치는 효과(손은혜, 김영주, 송연숙, 2010) 등이 있을 뿐이다. 결론적으로 아직까지 아동 영성에 대한 연구는 이론적 탐색 단계에 머물러 있다고 볼 수 있다. 즉, 아동 영성의 개념과 발달 이론, 아동 영성을 둘러싼 사회문화적 요인, 영성의 긍정 요인과 부정 요인 등에 관한 이론적 기초는 제시되지 않고 있다.

이에 이 책의 1장에서는 아동 영성 연구의 필요성을 개진하고, 이어 영성의 개념과 내용, 기능, 아동 영성 교육의 방향 등을 살펴본다.

2장에서는 영성 연구의 역사를 살펴본다. 19세기를 중심으로, 19세기 이전 신학 중심의 영성 연구와 19세기 이후 홀(Hall)에 의해 시작된 과학적 영성 연구의 역사를 짚어 본다. 특히 과학적 영성 연구를 발달 단계적 측면, 심리적 기능적 측면, 유형적 측면에서 살펴본다.

3장에서는 영성 발달 이론을 Goldman, Fowler, Oser와 Gmünder를 주축으로 하는 단계 이론과 영적 아동 운동, 인지-문화 이론, 발달 단계 이론과 같은 단계 이론 외의 대안이론으로 나누어 설명할 것이다. 이 외에도 아동의 영적-종교적 발달을 다룰 때 파생되는 여러 가지 개념, 예컨대 초자연적인 존재에 대한 개념, 기도, 죽음에 대한 개념을 살펴본다.

4장에서는 영성 발달과 관련된 요인을 긍정 요인과 부정 요인으로 나누어 분석한다. 긍정 요인으로 건강과 복지 상태, 도덕성 발달, 지역 사회의 서비스와 대처를 다루고, 부정 요인으로 정신 장애, 잘못된 종교적 신념과 태도, 컬트, 오컬트, 테러 집단 등에 대해 다룬다.

마지막으로 5장에서는 영성 발달에 영향을 미치는 환경을 다룬다. 구체적으로는 부모, 학교, 지역 사회 등이 아동의 영성에 어떤 영향을 미치는지 기존 연구를 통해 파악해 볼 것이다. 이는 아동 영성 발달에 필요한 환경적 요인이 무엇인지를 알아보기 위한 것이다.

이처럼 이 책에서는 아동 영성과 관련된 주요 개념과 발달 이론을 주로 다룸으로써, 아동 영성과 관련된 아동 교육 및 유아교육 연구에 필요한 이론적 토대를 제공하고자 한다. 이를 통하여 아동 영성의 계발과 영적 성장을 이룰 수 있는 기초를 마련하는 데 기여할 것이라고 본다.

저자 김영주

차 례

제1장

영성의 개념

1. 아동 영성 연구와 교육의 필요성

어느 날 아동이 "내가 죽으면 내 마음은 어디로 가는 거야?"라고 묻는다면 교사나 부모는 어떻게 대답할 것인가? 혹은 집이나 유치원, 어린이집에서 키우던 강아지가 죽었을 때, 아동에게 이를 어떻게 설명할 것인가?[1] 할아버지나 할머니가 돌아가셨을 때, 조부모의 죽음에 대해서 뭐라고 이야기할 것인가? 아동을 할아버지나 할

1) 실제로 유치원과 어린이집 교사들에게 '아침에 출근을 해 보니 동물 사육장의 토끼가 죽어 있는 것을 발견했다. 어떻게 할 것인가?'라고 물었을 때, 아이들이 오기 전에 비슷한 토끼를 사다 놓고 아무 일도 일어나지 않은 것처럼 하겠다는 응답에서부터 아이들에게 토끼가 죽은 것을 보여 준 뒤, 같이 묻어 주며 아이들과 함께 토끼의 명복을 빌어 주겠다는 응답까지 다양한 반응이 나왔다.

머니의 장례식에 참석시킬 것인가? 또 같은 반이었던 친구가 갑자기 회복하기 어려운 병에 걸려서 더 이상 만날 수 없을 때, 부모나 교사는 아동에게 뭐라고 할 것인가?

Bonanno(2009)는 사랑하는 사람의 죽음으로 인한 슬픔과 상실감, 그 후에 일어나는 인간의 회복력에 대해 논의하였다. 그는 과학의 영역에서 다루기 힘들었던 죽음, 내세, 천국, 환생 등과 같은 개념을 다루면서 슬픔을 이해하지 못하면 인간으로 산다는 것의 의미, 삶과 죽음, 사랑과 가치, 기쁨과 행복을 제대로 이해할 수 없다고 하였다. 또한 그는 아동도 이러한 죽음으로 인한 슬픔에서 제외되지 않으며, 그러한 슬픔에서 스스로 회복하는 능력을 가지고 있다고 하였다.

우리는 아동이 죽음이나 그로 인한 슬픔을 경험하지 못하도록 보호할 수 없다. 왜냐하면 아동 주변에서 일어나는 죽음을 막을 수 없기 때문이다. 부모나 교사가 조부모나 애완동물의 죽음을 겪고 있는 아동을 위해 할 수 있는 일은 그 안에서 삶과 죽음의 의미를 발견하고, 극복해 나가도록 돕는 것이다. 그러기 위해서는 지금까지 가정이나 아동 교육기관에서 관심을 기울여 온 아동의 신체적, 심리적, 사회적 측면 외에도 아동의 영적인 측면에 관심을 기울여야 한다.

꼭 슬픔과 죽음 등을 다루기 위해 아동의 영적 측면에 관심을 기울여야 하는 것은 아니다. 다음의 예문을 보자.

이른 봄날 아침, 아이들이 교실로 가고 있었다. 라일락 꽃병이 교실 앞 탁자 위에 놓여 있었다. 아이들은 교실로 들어가면서 라일락을 보지 못하였고, 꽃 냄새도 맡지 못하였다. 선생님이 교실에 들어와서 라일락 꽃을 보며 말했다.

"여러분은 라일락 꽃이 핀 것을 알고 있었나요? 꽃 앞에 서서 유심히 바라본 적이 있나요? 라일락 꽃 향기를 깊게 맡아 본 적은 있나요?"

선생님은 라일락 꽃 앞으로 걸어가 꽃의 향기를 깊게 들이마셨다.

"여러분이 살아가는 동안 약 75번 정도밖에 라일락 꽃을 볼 수 없다는 것에 대해 생각해 본 적이 있나요? 이 꽃은 일 년에 딱 한 번 볼 수 있지요. 나는 그런 기회들을 벌써 많이 놓쳐 버리고 말았답니다."

이 말을 들은 아이들은 깜짝 놀랐다. 잠시 후 아이들은 자발적으로 라일락 꽃 앞으로 다가가서 꽃의 향기를 맡았다. 그들은 이제 놓쳐서는 안 되는 그 어떤 것이 여기에 있다고 느낀 것처럼 행동했다 (Scheindlin, 1999).

이 예문에서 교사는 단지 인지적인 측면에서 꽃의 아름다움이나 자연의 원리만을 아동들에게 가르친 것이 아니라, 삶의 한 순간순간을 느끼게 하고 일깨워 주었다. 교사는 아동들에게 영적 경험을 하도록 도와준 것이다.

현재 아동 영성과 교육에 대한 관심이 증대되고 있다. 아동 관련 분야에서뿐만 아니라 심리학, 사회학, 간호학, 사회복지학, 교육학 등에서 영성에 대한 관심이 높아지고 있다. 이는 현대의 물질 중심적 세계관과 그에 따른 인간성의 소외, 경쟁주의에 의한 공동체 의식의 상실, 산업과 물질문명에 불가피하게 수반되는 환경 파괴에 대한 반성의 결과라고 볼 수 있다.

특히 아동 교육과 관련해서 볼 때, 과학적 실증주의와 객관성을 강조하던 근대과학이 주관적이고 해석적인 인간 경험을 받아들이는 영성을 억압해 왔다. 그 결과, 아동은 자신의 경험과 그에 대한 주관적 해석에서 소외되어 외부에서 주입되는 지식을 받아들이게 되고, 스스로의 경험을 부정하는 삶을 살게 되었다.

또한 인간을 이성을 지닌 독립적인 개체로 보는 개인주의는 이기적이고 경쟁적인 사회적 분위기를 가져온 동시에 공동체 의식이 상실되는 결과를 가져왔다. 이에 아동 교육기관은 아동에게 삶의 행복과 즐거움을 주는 내적 성장을 돕는 곳이 아니라 경쟁의 논리 속에서 아동들의 삶을 황폐하게 만드는 공간으로 변질되었고, 아동들은 모든 것에서 분리되어 자신을 잃어버린 채 살아가고 있다(권은주, 고성민, 2006).

영성은 개인이 자신의 경험과 의식을 받아들임으로써 삶의 의미를 발견하게 한다. 또한 자신과 타인, 더 나아가 자연, 절대자와의 관계를 인식함으로써 공동체성을 회복하게 한다. 즉, 영성이 현대 아동 교육의 문제점을 해결하기 위한 대안이 될 가능성이 있다고 판단된다.

영성적 관점에서 아동을 바라보고 교육해야 한다는 반성은 '홀리스틱 교육' '발도르프 교육' '생태 유아교육' '불교 명상 교육' 등 다양한 형태의 아동 교육을 양산하였다. 홀리스틱 교육은 병든 환경과 병든 교육을 치유하는 새로운 교육 패러다임으로, 인간의 신비한 생명은 육체, 마음, 지성뿐만 아니라 대자연 세계의 모든 생명과도 깊은 관계를 맺고 있다고 보는 것이다(김복영, 2011). 발도르프 교육에서는 아동을 신체를 가진 물질적인 존재일 뿐만 아니라 영적이고 정신적인 존재로서 우주 전체와 밀접하게 관련된 소우주로 본다(권은주, 고성민, 2006). 생태 유아교육은 한국의 자생적인 유아교육 프로그램으로서 기존의 인간 중심 교육 프로그램이 자연 생태계 파멸과 인간성 상실의 위기를 극복하는 데 성공할 수 없다는 회의론 속에서 생명 공동체와 사람 공동체 사상, 천인합일 사상, 생태론적 세계관을 바탕으로 한 교육 프로그램이다(이경민, 2008). 불교 명상 교육에서는 명상이 아동들에게 고요함과 부드러움, 깨어서 지켜봄 속에서 자신은 물론, 타인에 대한 깊은 이해, 우리를 둘러싸고 있는 세계와 인간에 대해 열린 마음을 가지게 하는 것(혜원, 2002)으로 보고 명상 프로그램을 실시한다. 이처럼 다양한 아동 교육 프로그램에서 아동을 영적 존재로 보고 여러 가지 다양한 교육활동을 고안해서 실행해 왔다.

그러나 현재 일어나고 있는 영성에 대한 관심과 연구의 동향은 몇 가지 문제점을 지니고 있다. 전현식(2006)은 최근의 영성적 경향의 한계를 다음과 같은 세 가지로 요약하고 있다. 첫째, 최근 영성은 개인주의적 경향을 지니고 있다. 현대 영성은 요가, 초월적 명상 등 심리학과 연결시켜 내적 자아의 발전을 위해 명상적 자원에 관심을 집중함으로써 공동체보다는 개인과 자아에 초점을 맞추는 경향이 강하다. 둘째, 최근 영성은 실용주의에 기초함으로써 신성 자체에 대한 관심보다는 개인의 삶의 변화라는 결과에 집착한다는 것이다. 영적 삶의 이해득실을 따지는 실용주의적 영성의 목적은 신성을 깨닫는 것이 아니라, 훌륭하고 효율적인 인간을 만들어 내는 데 있다. 셋째, 최근 영성의 한계는 영적 삶과 일상적 삶이 분리되어 있다는 데 있다. 즉, 실천적 삶보다는 내적 세계에 몰두하는 경향이 강하다는 것이다. 따라서 자신을 둘러싼 공동체와 자연에 대해 관심을 가지기보다는 자신의 심리 내적인 문제에 집중한다.

이와 같은 최근의 영성 연구 경향의 한계는 아동 교육 분야에서도 예외일 수 없다. 산책, 명상, 요가 등을 활용한 영성 지향 아동 교육활동이 많다. 그러나 산책이나 명상, 요가와 같은 명상적 자원보다는 아동기의 발달적 특성을 고려하여 감각운동기에 있는 아동에게 아동의 감각을 활용하는 영성 지향 아동 교육활동이 더 효과적일 것이다. 또한 아동 교육기관에서 아동의 영성에 관심을 기울이는 이유가 신성의 깨달음에 있지 않고 실용주의에 입각해서 아동의 내적, 심리적 자원을 계발하기 위한 경우가 많다. 이는 아동 교육기관 종사자들이 아동의 부모가 다양한 종교적 배경을 가지고 있고, 종교 교육이 교육기관에서 허용되지 않기 때문에 영성 지향 교육이 종교 교육으로 오인될까[2] 염려하기 때문이기도 하다.

아동의 내적, 심리적 자원을 계발하기 위한 영성 지향 아동 교육활동도 필요하지만, 무엇보다도 아동 안에 있는 신성에 대해 관심을 가질 필요가 있다. 최근의 영성 교육은 실천적 삶보다는 아동의 내적 세계에 치중하고 있다. 영성 지향 아동 교육활동은 공동체 의

2) 실제로 필자가 영성 지향 유아 교육활동을 실시했던 유치원에서 일부 학부모들이 종교 교육을 한다고 항의하여 영성 지향 유아 교육활동이 중지되었던 사례가 있다.

식을 상기시키고, 자연을 보호하는 실천적 활동으로까지 확장되기보다는 아동의 내적 세계에 머무르고 있다. 그러나 아동 교육 현장에서의 영성 연구와 교육은 공동체적 관심과 실천을 포함해야 한다.

이처럼 아동 교육 분야에서 영성 연구와 교육이 활발해지고 있는 것은 바람직하지만 그 방향에서 왜곡된 측면이 있다. 아동 교육 현장에서는 이를 인식하고 아동 영성 연구와 교육이 초월적 존재에 대한 자각과 더불어 감각운동기와 전조작기에 있는 아동의 발달적 특성에 맞게 감각 통합적인 교육을 실시함과 동시에 실천적이면서 공동체 의식을 일깨우는 것이 되도록 노력해야 한다.

아동 교육에서 영성 연구와 교육의 왜곡된 측면은 영성을 받아들이기 어려운 현대 사회의 문제를 반영하는 것이기도 하다. 영성을 받아들이기 어려운 현대 사회의 문제 중 하나는 영성을 종교성과 혼동하는 것이다. 영성과 종교성의 관계가 밀접하기는 하지만 영성이 곧 종교성을 의미하는 것은 아니다. 영성은 좀 더 넓은 의미로 신념과 가치관을 일컫지만, 종교는 보다 문화적이고 형식적이며 제도적인 것이라고 할 수 있다. Byers(1992)는 "종교는 생명과 창조와 삶의 의미를 묻는 보편적인 질문에 대한 특정한 대답이며, 영성은 그 질문에 대한 보편적이면서 일반적인 관심이다."라고 말했다. Elkind(1992)도 "영성은 좁은 의미와 넓은 의미 모두로 사용될 수 있다."고 하였다. 그는 좁은 의미에서의 영성은 종종 일련의 특정한 종교적 신념을 나타내는 데 사용되고, 넓은 의미에서의 영성은 종교적 신념과는 관계없이 일상의 삶에서 사랑, 용서, 관용과 같은 인간의 가장 고상한 자질에 관한 것이라고 하였다. 이 책에서 다루고자 하는 영성은 넓은 의미에서의 비종파적인 영성이다. 즉, 영성은 특정 종교에 관한 것이 아니라 지능과 같이 인간이라면 누구에게나 내재되어 있는 것이며, 이는 교육과 환경에 의해서 계발되거나 지체될 수 있는 것이라고 본다.

비종파적인 영성이란 다른 말로 다문화 영성이라고도 할 수 있다. 다문화 영성이란 유신론자(천주교, 개신교, 이슬람교 등을 모두 포함), 무신론자, 불가지론자, 다신론자, 무속 신앙 숭배자들이 문화적 구성, 사회적 역할, 그리고 개인적 특이성 이전에, 혹은 그것을 넘어서, 혹은 가장 깊게, 그리고 근본적으로 우리가 누구인가에 대한 분명한 자각에 이르는 것이다. 이러한 자각을 바탕으로 타인과의 관계에서 모든 종교와 법의 기초이자 근본이 되는 황금률[3]을 따르는 것이다.

다시 말하면 다문화 영성은 나와 타인을 같은 존재로 파악하며, 모든 사람이 영적 탐색의 여정에 있음을 인식하는 것이다. 그 여정에서 서로 지원할 필요가 있으며, 설사 그 방법과 내용에 있어서 차이가 있더라도 서로 존중해야 한다. 오히려 그러한 불일치와 차이에서 서로 배우며 향상시키는 기회를 갖는 것이다. 이 책에서 영성 연구의 방향은 다문화 영성을 바탕으로 한다.

3) 모든 종교와 법의 기초가 되는 황금률이란 남에게 대접을 받고자 하는 대로 너희도 남을 대접하라는 것이다. 다시 말하면 모든 사람은 공정한 대우를 받을 권리가 있다는 것이다. 즉, 나는 다른 사람을 공정하게 대할 책임이 있으며, 반대로 나 또한 공정하게 대우받을 권리가 있음을 아는 것이다.

2. 영성의 개념과 내용

1) 영성의 개념

아동 연구와 교육 분야에서 영성 연구의 필요성을 인식하고 연구하고자 할 때 맨 처음 해야 할 일은 영성의 개념을 정의하는 것이다. 영성이라는 용어가 영어로 처음 사용된 기록은 1441년(*Oxford English Dictionary*, 1989)이다. 영성의 현대적인 의미가 출현하기 전까지 영성은 종교적인 의미로 사용되었으며, '물질적 또는 세속적 관심사와 대비되는 것으로 영에 관한 중시, 애착'이라든지 어떤 실재의 '영적 특성과 기능', 어떤 '비물질의 본질'을 칭했다(Rizzuto, 2005). 주로 가톨릭에서 육체 혹은 물질과 대비되는 의미로 사용했다.

영성에 관한 현대적인 의미는 다양하다. 여러 학문 영역에서 많은 학자들이 영성에 대해 다양한 정의를 내렸다. 이를테면, 현대적인 의미에서 영성에 대한 개념이 출현하기 전까지 영성은 종교적인 의미에서 사용되었다. Canda(1988)는 사회복지적 목적으로 영성을 정의했다. 그는 영성을 어떤 하나의 구성요소(생물적, 심리적, 사회적 또는 영성적)에 국한되지 않는 인간성의 총체로 보았다. Canda(1988)는 영성을 사람의 가장 깊은 곳에 있는 부분이며, 개인적 성장과 환경과의 관계를 통하여 표출된다고 했다. 더 나아가 사람의 모든 부분을 통합하면서 의미와 목적을 추구하는 특징을 가진다고 하였다. 또 존재하는 모든 것과 사람 사이에 관계를 맺고, 인간의 고통과 소외를 이해하는 방법을 제공한다고 설명한다. 이런 현상은 일상적인 부분들을 초월적인 부분들과 통합한다고 보았다(Rizzuto, 2005). Canda는 심리 치료자로서, 영성은 명확하게 정의되기 어렵다고 보고, 단지 용어가 아니라 의미를 추구하는 사람들, 자신이 외롭고 길을 잃었음을 인식하는 사람들에게 개인적인 도움을 주는 일련의 행위라고 보았다.

유아교육 분야에서 김정신(2002b)은 영성이 인간의 본질적인 핵심이라 전제하고, 영성이란 인간의 보이지 않는 정수, 본질적인 부분으로서의 본성, 다른 동물과 구분되는 잠재성으로 보았다.

이처럼 영성에 대한 개념의 정의가 각각의 학문 영역에서 다양하게 정의되고 있으며, 단일한 개념은 존재하지 않는다. Nye와 Hay(1996)가 논의한 것처럼 영성에 대한 개념 정의는 도덕적 민감성과 신과의 신비적 일치의 연속선상에 있다고 할 정도로 학자마다 영성의 내용과 의미가 다양하다.

다만 많은 학자가 영성을 정의할 때, 다음과 같은 공통점을 내포하고 있다. 첫 번째 공통점은 어떤 절대적인 힘과의 관계성을 상정하고 있다. 여기서 절대적인 힘이란 인간의 존재를 넘어서는 절대자, 창조주일 수도 있다. 이에 대해서 Mattis(2000)는 초자연적인 삶의 차원에 대한 신념, 신과의 개인적인 관계, 신의 의지에 따른 삶을 영성이라고 보았다.

두 번째 공통점은 모든 인간이 자기를 초월하고자 하는 내재적인 동인을 가지고 있다고 보는 것이다. Lerner, Dowling과 Anderson

(2003)은 영성을 자기 초월인 것과 동시에 일정한 시간과 장소에 존재하는 자아를 떠나 다른 사람들을 위해 기여하겠다는 하나의 정향(orientation)이면서 맥락(context)이라고 보았다. 윤세중(2003)도 자기 초월의 측면을 강조하여 영성을 정의하였다. 그는 현재의 자기 자신과 자기가 처해 있는 상황 이외의 또 다른 상황을 볼 수 있고, 현실을 뛰어넘어서 의미와 가치를 찾는 능력이라고 보았다. Helminiak(1996)도 영성은 진정한 자기 초월을 향한 본질적인 인간의 역동성이며, 특히 고귀하면서도 높고 선한 것을 추구하는 삶의 실재라고 보았다. Mondin(1991)은 인간에게는 특정한 자신의 계획을 실현하기 위하여 노력하면서 언제나 자신이 아직 완성되지 못한 상태에 있음을 알고, 또한 언제나 기존의 것들을 넘어서 나아가려는 끊임없는 긴장이 있으며, 그것을 넘어서게 하는 자기 초월적 역동성이 있다고 보았다. 그는 또한 이 자기 초월적 역동성이 인간의 영성을 나타내는 표지라고 설명하였다.

마지막 공통점은 존재론적 의미 추구에 관한 내용이다. 많은 학자는 영성을 존재론적 의미를 추구하는 인간의 추동이라고 보았다. 구체적으로 '나는 누구인가?' '인간이란 무엇인가?' '나는 어디에서 와서 어디로 가는가?[4)] 하는 질문에 대한 답을 찾는 것이다. Coles(1995)는 영성을 본질로서 삶의 의미와 목적을 추구하는 것

4) 이 책의 서두에서 언급한 것처럼 아동이 "엄마, 내가 죽으면 내 마음은 어디로 가는 거야?"라고 물었을 때, 부모나 교사라면 어떤 대답을 할 것인가? 어느 날 소파에 거꾸로 누워 있던 필자의 아들이 이와 같은 질문을 했다. 필자의 아동 영성에 대한 관심은 바로 여기에서 비롯되었다.

으로 파악했다. Ellison(1991)도 영성을 인간 존재에 의미를 부여하며, 자신, 타인, 자연관계에서 경험되고, 인생의 의미와 목적을 추구하도록 동기를 부여하는 힘으로 보았다. Elkins, Hedstrom, Hughes, Leaf와 Saunders(1988)는 인생의 의미와 목적에 대한 확신, 인생의 사명감과 신성함, 물질적인 가치에 대한 적절한 평가, 타인에 대한 이타주의적 태도, 세상의 개선을 위한 비전, 인생의 비극적인 면에 대한 중대한 자각 등을 포함한 다양한 영성의 가치에 대해 설명한 바 있다.

이외에도 영성을 통합성으로 본 학자들이 있다. Howden(1992)은 영성이란 통합시키는 상호 연결성을 통하여 삶의 의미와 목적, 내적 자원 및 초월성을 드러내는 요소라고 정의하였다. Schneiders(1989)는 영성을 생활의 경험으로서, 인간이 추구해야 되는 궁극적인 가치를 향한 삶의 통합 프로젝트로 이해하였다. 여기서 통합이란 개인의 내적 영역의 통합일 뿐만 아니라, 일상적 삶과 초월적 삶의 통합이기도 하다.

몇몇 학자들은 영성에 심리적 기능을 포함하기도 하였다. Westgate(1996)는 "영성은 개인적 목적을 추구하는 영혼의 집착에서 해방되려고 하는 궁극적 관심이며, 지성, 상상력, 감정, 요구, 의지를 포괄하는 인간 심리 기능의 내적 요소로서 다른 심리 영역을 통합하는 것이다."라고 했다. Vaillant(2008)는 정신과 의사로서, 영성을 다른 사람과 이어 주고, 인간이 신을 어떻게 이해하든 인간을 신에 대한 경험과 결부시키는 긍정적 감정들의 혼합체로 보았다. 이를테면 사랑, 희망, 기쁨, 용서, 연민, 믿음, 감사, 경외와 같은 긍정적인 감정을 영성이라고 보았다. 그는 또한 이 감정들은 사람들 사이의 관계를 필요로 하며, 이 중 어느 감정도 혼자만의 것이 아니라고 하였다.

정리하면, 영성은 절대자, 혹은 신성과 합일하는 것이며, 자기초월에 대한 내적인 동인이며, 인간 존재에 대한 의미를 추구하는 것이며, 신적인 존재와 인간과의 통합, 내적 영역의 통합, 일상적 삶과 초월적 삶을 통합하는 통합성이기도 하며, 인간이 가지는 긍정적인 심리적 기능이기도 하다.

이 중에서 영성을 신성과 합일하는 것이나 자기 초월을 추구하는 내적인 동인이라고 보는 것은 인간을 어떻게 보는가에 대한 인식론적 관점으로, 학문적 연구 주제라고 보기는 어렵다(Conn, 1989). 예컨대 Cousins(1985)는 인간의 내적 차원을 영이라 부르고, 영성을 인간 존재의 깊은 중심으로 보았다. 그는 인간 존재의 깊은 중심은 초월적 차원에 대해 열려 있고, 인간은 존재의 궁극적 실재를 경험하게 된다고 하였다. 그러나 이는 과학적 방법을 통해 규명하기 어려우므로, 학문적 연구의 대상이라기보다 오히려 종교학에 가깝다.

이 책에서는 아동의 영성을 연구하고 아동 교육 현장에 적용하기 위해 영성을 다음과 같이 정의하고자 한다. 첫째, 영성은 인간이 가진 본질적인 특성이라고 본다. 지능과 마찬가지로 인간이라면 누구나 영성을 지니고 있다고 파악하는 것이다. 따라서 아동 교육 현장에서 모든 아동이 지능과 창의성을 지닌 존재로 보는 것처럼 영성을 지닌 존재로 본다. 둘째, 영성을 통합성으로 보는 것이다. 여기서 통합이란 아동의 신체, 인지, 정서, 사회성, 영성의 통합이기도 하며, 개인적인 삶과 공동체적인 삶의 통합이기도 한 동시에 영적인 삶과 일상적인 삶의 통합이기도 하다. 이는 아동 교육 방법에서 중요한 전제가 된다. 셋째, 영성을 관계성으로 파악하는 것이다. 관계성이란 신적인 존재나 절대자와의 수직적 관계뿐만 아니라 타인과의 수평적 관계를 포함한다. 영성을 관계성으로 파악하는 것은 영성 교육의 내용에 유용한 자원이 될 것이다. 넷째, 영성을 인간의 심리적 기능으로 보는 것이다. 심리적 기능이란 지성, 상상력, 감정, 요구, 의지를 포괄하는 것이며, 특히 Vaillant (2008)가 언급한 바와 같이 인간이라면 누구나 가지는 긍정적인 감정의 혼합체를 영성으로 포함시킨다.

(1) 인간의 본질적인 특성으로서의 영성

영성은 인간만이 가진 고유한 능력이다. Zohar와 Marshall (2000)도 영성은 인간만이 가지고 있는 고유한 것이며, 인간을 인간답게 만드는 요소라고 하였다. 이들에게 영성이란 인간이 가진 본질적인 측면으로서 동물과 구분되는 특성 중의 하나다. Jung (1969)은 내재하는 하느님이라고 불렀던 자기 자신을 경험하고 실현하는 것을 본질로서의 영성이라고 보았다. Fox(1996)는 영성이란 우리의 몸과 영혼보다 더 큰 것이며, 우리의 영혼을 포함하여 모든 존재, 모든 물질 속에 있는 생명력이라고 했다. 불교에서도 이성적 의식을 초월하는 상위의 의식이 있다고 가정한다. 그것을 '보리'라고 한다.

이처럼 현대적 의미에서의 영성은 종교적 특성을 넘어 인간이 가지는 보편적, 본유적 능력이다(유선희, 2010). 영국의 동물학자인 Hardy는 인간의 영성은 자연선택의 과정을 거쳐 진화된 것이라고 하였다(유선희, 2010에서 재인용). 따라서 영성은 개인에게 생존적 가치를 지닌다. Vaillant(2008)도 영성은 유전적, 문화적, 개인적 형식에 따라 진화해 온 인간이라면 누구나 가지고 있는 것이라고 정의했다. 영성을 연구한 많은 학자는 인간 본질로서의 영성은 삶의 가장 높은 부분으로서 진정한 자아, 완전한 인성으로, 궁극적 실재를 이해하는 인간의 높은 의식으로 정의했다. 이런 정의들을 미루어 볼 때, 영성은 우리가 도달해야 할 궁극적인 의식상태, 인간 여타의 본질적인 영역을 통합시켜 주는 역동적인 힘이라고 볼 수 있다.

이러한 영성의 정의를 받아들임으로써 아동 교육에서는 모든 아동을 영성을 지닌 존재로 인식한다. 지능이나 창의성처럼 아동이 가진 하나의 능력으로 영성을 파악한다. 이와 같이 영성을 파악하는 것은 모든 아동에게 내재된 영성을 보존하고 계발하기 위한 교육 활동을 계획하고 실현하게 하는 전제가 된다.

본질적인 특성으로서의 영성을 파악함으로써 아동 영성 교육의 내용도 풍부해질 수 있다. Otto(1932)는 '누미노제'라는 개념을 빌어 영적 본성을 가진 인간은 나이와 신앙, 전통에 관계없이 신성한 체험, 즉 성스러운 감정을 경험한다고 하였다. 그는 신학, 성격, 타 종교들, 다양한 문화에 대한 연구를 통해 영적이며 신비적 경험인 누미노제 경험을 인간의 보편적인 경험으로 보았다. Otto(1932)가 언급하는 누미노제 경험은 신비적 경험이며, 경외심 같은 것이라고 할 수 있다. 다시 말하면, 누미노제 경험은 인간이 어떤 성스러운 존재 앞에서 느끼는 감탄과 황홀감, 혹은 두려움과 경이의 체험이다. 이러한 경험은 언어에 선행하는 경험이고, 또한 인지적 능력에 선행하는 경험이다.

이러한 누미노제 경험과 유사한 내용을 언급한 여러 학자들이 있다. Steiner(1996)는 자연 현상을 통한 경이감을, Lawson(1996)은 자연 관찰을 통한 신비적 감각을, Groome(1998)은 삶에 대한 경이감 감지를, Daleo(1996)는 무아적인 사랑 체험을 유아교육의 내용으로 언급한 바 있다. 김정신(2002b)은 영성 지향 유아교육과정을 제안하면서 누미노제 경험과 유사한 경외심과 숭상 등을 언급하였다. 구체적으로는 유아교육의 내용 중 숭상 영역을 제안하고, 그 하위 영역의 하나로서 경외(심)를 정했다. 경외란 영적인 힘에 대한 경외, 신에 대한 경외심, 자연 관찰을 통한 신비적 감각 감지, 생명에 대한 외경심 고취, 성스런 문헌을 통한 신비성의 인식, 자연 현상의 중시 등을 말한다.

요약하면 영성은 인간이라면 본질적으로 가지고 있는 특성으로, 신비적 경험[5]을 가능하게 한다. 이를 바탕으로 아동 영성 교육에서는 모든 아동을 영성을 가진 존재로 보고, 영성을 보존, 계발하기

5) Saver와 Rabin의 최근 연구들은 신비적 경험과 광기를 구분하는 기준을 명확히 했다. 신비한 경험에서의 환상은 대개 시각적이고, 몇 분이나 몇 시간 동안 지속된다. 신비적 경험에서 나타나는 정서는 주로 기쁨과 환희이고, 개인의 종교적 환상은 전능함에 대한 것이 아니라 높은 힘에 대한 겸손한 희생과 관련된다. 신비한 경험에 의해 나타나는 언어는 쉽게 소통되고, 사회적으로 공감을 불러일으킨다(Vaillant, 2008).

위한 교육을 하여야 하며, 영성 교육의 내용으로 숭상과 경외와 같은 영적인 경험을 포함시킬 수 있다.

(2) 통합으로서의 영성

영성은 인간의 전인성에 초점을 둔다(한영란, 2001). 전통적인 영성의 개념은 영성을 육체적인 것과는 대비되는 것으로 보았다. 혹은 영성은 물질과 정신으로, 세속적인 것과 신성한 것, 내적인 것과 외적인 것으로 분류하는 기준이었다. 영성이란 주로 오컬트, 경건성, 기도 등과 관련되어 있었다.

현대적 의미에서의 영성은 오히려 육체적인 것과 영성을 통합한다. 영성은 전인적인 인간의 삶에 초점을 맞추므로 인간과 연관되어 있는 삶의 모든 영역을 통합하는 과정에 초점을 둔다(Zappone, 1991). 현대적 영성은 내적인 자아와 타자와의 통합, 신체적, 인지적, 사회적, 정서적 자아와 영적 자아의 통합, 자아와 초월적 존재와의 통합을 강조한다. 이러한 견해는 육체와 영혼의 통합으로, 인간은 영이 된다고 한 Kierkegaard의 전통적인 삼분법적 인간 의식에 의해 지지된다. 즉, 인간을 몸(body)과 마음(mind)으로 구성된 존재로 보았던 이분법적 사고에서 벗어나 인간을 몸, 영혼(soul, psyche, 혹은 ego), 영(spirit)의 통합체로 인식하는 것이다(김정신, 2002b).

통합으로서의 영성은 근대 사회가 아동의 인지적 측면에 지나치게 관심을 두어 오늘날 우리 사회의 교육이 지식과 기술 위주로 진행됨으로써 파생되고 있는 위기를 극복하고, 전인 교육을 위해 방향을 전환하는 데 중요한 시사점을 제공한다(한영란, 2001). 통합으로서의 영성은 아동 영성 교육을 어떻게 할 것인가에 대한 방향을 제시한다. 즉, 아동의 신체, 정서, 인지적 측면과 통합하는 영성 교육, 자아와 타자와의 관계를 통합하는 영성 교육, 인간과 자연, 인간과 절대자와의 관계, 인식과 경험을 통합하는 영성 교육을 지향하게 한다.

(3) 관계로서의 영성

Paloutzian과 Ellison(1982)은 영적 안녕의 구조를 수직적 차원과 수평적 차원으로 구분하였다. 수직적 차원은 신과의 관계에서 느끼는 영적 안녕으로, 이는 인간이 질병과 고통, 상실 등과 같은 삶의 위기에 어떻게 대처하고 자신의 삶을 어떤 관점으로 보는지와 관련되어 있다. 수평적 차원은 인간의 타인에 대한 만족감과 타인과 더불어 사는 삶의 의미 및 목적에 관계되는 것으로 실존적 안녕이라고 한다. 수평적 차원은 자신과 이웃, 환경과의 상호작용을 반영한다.

김용환 등(2009)은 영성은 종교적, 실존적 의미를 포함하는 다차원적인 개념으로서, 자신, 이웃, 자연 및 상위 존재와의 조화로운 관계를 통하여 역동적, 창조적 에너지로 작용하고, 현실을 초월하여 경험하게 하며, 그 결과 존재의 의미와 목적, 충만한 삶을 살게 해 주는 영적인 태도 및 이해라고 정의하였다. Burhardt(1989)는 인간 삶의 근본 원리, 인간과 세상과의 관계를 설명하는 믿음, 존재의 의미로서 개인을 초월하여 신과 자신, 이웃과 의미 있는 관계를 가질 수 있도록 하는 희망, 의미, 사랑과 같은 삶의 최상의 가치를 완성하도록 하는 능력이자, 신체적, 정신적, 사회적 영역을 통합하는 힘(김용환 외, 2009)이라고 했다. 이처럼 영성은 관계로서 파악된다. 인간은 각자의 깊은 내부에 부여된 참된 자기 속에서 모든 것이 서로 관계 맺고 있다는 것을 자각할 필요가 있으며, 이것은 영성의 차원에서 가능하다(한영란, 2001).

현대 사회의 문제는 관계성의 단절에서 비롯되었다고 해도 과언이 아니다. 우리 자신만이 존재하는 주체이고, 나머지 세계는 소유의 대상일 뿐이라고 생각하는 인간 중심주의는 자연을 인간의 욕구를 충족시키기 위한 자원으로만 인식하게 하여 환경을 파괴시켰다. 자문화의 기준에서 다른 문화를 폄하하는 자민족 중심주의는 전쟁과 소외를 가져왔다. 신성으로부터 끊어진 인간성은 오히려 인간의 소외와 불안, 고립을 가져왔다. 따라서 관계성을 회복하는 것이야말로 인간성을 회복하는 지름길이라고 볼 수 있다.

관계로서의 영성을 아동 영성 교육에 받아들임으로써 아동 교육의 내용에 아동을 둘러싼 수직적 관계와 수평적 관계를 포함시킬 수 있다. 아동을 둘러싼 수직적 관계는 아동과 신성, 혹은 아동과 절대자와의 관계다. 아동을 둘러싼 수평적 관계는 아동의 사회적 관계와 자연적 관계다. 아동의 사회적 관계는 아동 자신과 또래, 교사, 가족, 공동체 등이며, 자연적 관계는 동식물을 포함한 자연 환경과의 관계다.

(4) 인간의 심리적 기능으로서의 영성

Vaillant(2008)는 "영성은 우리를 다른 사람과 이어 주고, 우리가 신을 어떻게 이해하든 우리를 신에 대한 경험과 결부시키는 긍정적인 감정의 혼합체"라고 언급하였다. 사랑, 기쁨, 희망, 용서, 연민, 믿음, 경외, 감사 등의 긍정적인 감정들이 바로 영성이며, 이러한 감정들은 사람들 사이의 관계 안에서 발현된다고 하였다. 이러한 긍정적인 감정들은 우리의 도덕적 한계를 극복하게 해 주고 창의성을 향상시키며, 생존에 기여한다고 보았다. 관계적 영성은 자기 계발과 자기 변화를 위한 잠재력을 실현시키기 위한 에너지를 제공한다.

영성을 인간의 심리적 기능으로 파악함으로써 아동 영성 교육에서 아동이 살아가는 데 필요한 긍정적인 감정들을 다룰 수 있다. 이 긍정적인 감정들은 아동의 사고 패턴을 보다 유연하게 하고, 창조적이고, 통합적이고, 효율적으로 만든다(Vaillant, 2008). 아동 영성 교육에서는 아동의 긍정적인 감정을 다루는 여러 가지 교육 활동을 제안할 수 있다.

2) 영성의 내용, 형태, 기능

영성의 내용, 형태, 기능을 알아보는 것은 영성을 정의하는 데만 목적이 있는 것이 아니라 개인의 영적 · 종교적 발달을 규명하는 데도 도움이 된다. 뿐만 아니라 영성의 내용, 형태, 기능을 정의하고 설명함으로써 이 세 가지가 어떻게 공존할 수 있는지를 알아보는 데도 목적이 있다. 그러나 영성의 내용, 형태, 기능에 대한 일반적이고 사전적인 정의만 있을 뿐, 이것들에 관한 과학적이고 체계적인 논의는 이루어진 바 없다.

영성의 내용, 형태, 기능을 구분하기 위해 우리는 개인 기도[6]를 사용할 수 있다(Scarlett & Perriello, 1991). 개인 기도는 집단 기도와 구분되는 것으로서, 개인이 감정을 가지고 기도하기 때문에 개인의 영성을 연구하기 위해 분석할 가치가 있다. 나아가 개인 기도의 내용은 변화하고 발달하기 때문에 영성 발달 연구에도 필수불가결하다.

개인 기도의 내용은 특별한 주제, 신념을 반영한다. 개인 기도는 치료에 관한 것일 수도 있고, 위험을 피하기 위한 것일 수도 있으며, 성공을 소망하는 것일 수도 있다. 세계 평화를 위한 고매한 것일 수도 있지만 지금 당장 주차할 곳을 찾기 위한 아주 작고 사소한 것일 수도 있다. 개인 기도의 대상은 자신이 속한 종교의 신일 수도 있고, 조상, 수호자, 성인, 자연물일 수도 있다.

기도의 내용과 대상의 다양성은 영적 발달을 이해하는 데 가치가 있지만 한계도 있다. 개인 기도의 내용과 대상을 분석함으로써 개인의 마음, 가족과 공동체, 문화의 특질에 대해 어떤 식으로 생각하는지를 알 수 있지만, 개인 기도의 대상과 내용을 통해서만 영성 발달을 정의할 수 있는 것은 아니다. 다시 말하면 기도의 대상

6) 기도는 대부분의 종교에서 발견되는 현상이다. 또한 인간의 내면적인 모습을 전심전력을 다하여 궁극적이고 영적인 실재 앞에 쏟아 부어 놓는 소통 행위다. 개인 기도는 "자유롭고 자발적인, 즉 진심에서 우러난" 것이다(김재영, 1997).

이 어떠하냐에 따라 영적 발달 단계를 나누기는 어려운 예도 있다. 예컨대 천사에게 기도하는 것과 조상이나 신에게 기도하는 것을 영적 발달 단계로 구분하기 위한 기준이나 합의점은 아직 없다.

그럼에도 불구하고 기도의 내용을 분석함으로써 영적 발달을 유추해 볼 수 있다. 다시 말하면 기도의 내용은 영적 · 종교적 성숙을 정의하기 위한 기준점을 제공하기도 한다. 이를테면 자기중심적이지 않은 방식으로 기도하는 것은 영적 발달에서 상위에 있음을 의미한다. 자기중심적이지 않은 방식으로 기도를 한다는 것은 기도에 '당신의 뜻이 그러하다면'과 같은 내용이 있거나, 자신의 뜻이나 자신이 원하는 것 외에 다른 사람의 관점이나 의지, 다른 사람이 원하는 바가 있음을 아는 내용[7]이 포함되어 있는 것이다.

혹은 기도의 내용이 자신을 위한 것이 아니라 공동체나 타인을 위한 기도 또한 자기중심적이지 않은 기도라고 할 수 있다. 이것은 발달의 측면에서 자기중심성을 벗어났다는 것을 의미하기도 한다. 따라서 간청하는 기도를 영적이나 종교적으로 발달했는지 여부를 판단하는 기준점으로 삼아 분석해 볼 필요가 있다.

---

7) 이를테면 한일전 축구 경기를 관람하고 있다고 가정해 보자. 우리나라가 이기기를 기도한다면 일본 사람들도 자신의 나라가 이기기를 기도할 것이다. 혹은 내 자녀가 시험에 합격하기를 기도한다면 내 자녀가 합격함으로 인해 불합격하는 다른 아동이 존재할 것이다. 이처럼 우리나라가 축구 경기에서 이기기만을, 내 자녀가 시험에서 합격하기만을 기도한다면 자기중심적인 기도라고 할 수 있다. 이 경우 기도의 대상이 아무리 차원 높은 종교의 신이라 할지라도 기도의 내용은 발달적으로 낮은 수준에 있다.

생각해 볼 문제

암에 걸린 친구를 병문안했다. 병실 밖에서 친구의 남편에게 친구가 앞으로 3개월밖에 살지 못한다는 이야기를 들었다. 친구는 아직 그 사실을 모르고 있다. 친구를 만나고 나오는 길에 병원 복도 구석에 기도실이 있는 걸 발견했다. 기도실에 들어가서 어떻게 기도할 것인가?

친구가 무조건 암에서 낫길 기도하겠는가? 아니면 3개월보다는 좀 더 오래 살길 바라겠는가? 혹은 죽음을 앞두고 고통을 덜 느끼도록, 죽음의 의미를 받아들이고 삶을 잘 정리하길, 천국에 가길 바라겠는가? 어떤 기도를 하는가에 따라 영적·종교적 발달을 분석할 수 있다.

보편적으로 발달적 차이를 나타내는 더 나은 기준점은 형태에 있다. 기도에는 여러 형태가 있다. 첫째는 간청하는 기도이고, 둘째는 고해하는 기도, 셋째는 감사하는 기도 등이다. 발달은 어떤 대상에 대한 인식, 이해 등을 포함한다. 따라서 각각 다른 형태의 기도는 영적으로 각기 다른 발달적 의미를 지닌다.

또한 같은 형태의 기도라 할지라도 다른 유형이 있을 수 있다. 같은 유형이지만 다른 형태의 기도는 발달적으로도 다르게 평가될 것이다. 이를테면 날 때부터 죄인임을 고백하는 기독교의 기도와 범죄를 저질렀다거나 거짓말을 했다는 고백의 기도는 같은 유형이지만 발달적으로 다르게 평가되는 기도일 것이다. 또 다른 예로 같은 감사하는 기도라 할지라도, 자신이 기도로 구한 것을 얻은 데 대한 감사의 기도와 자신이 실패했더라도 그 안에서 신의 뜻이 이루어졌음을 믿고 감사하는 기도는 발달적으로 다른 단계에 위치할 것이다.

기도의 내용은 영성의 기능을 논할 때도 도움이 된다. 간청하는 기도는 요청하는 내용을 담고 있다. 그러나 더 자세히 들여다보면 간청하는 기도는 몇 가지 중요한 다른 기능이 있다. 이를테면 아동과 성인이 아픈 친척이 빨리 낫도록 기도를 한다고 하자. 성인은 병에 대한 의학적인 이해를 바탕으로 무작정 병이 빨리 낫기보다 만약 환자가 죽는다면 환자 자신이 나빠지는 것을 모른 채, 견딜만하게 아프다가 죽기를 기도할 수 있다. 혹은 죽어 가는 과정에서 삶의 의미를 발견하고 죽음 앞에 초연하도록 기도할 수도 있다. 이렇게 성인의 조금 다른 기도는 위기를 규정 짓고 이해하는 방식을 나타내기도 한다. 이러한 기도의 기능은 상황에 대한 이해와 해석을 나타낸다. 즉, 아픈 친척을 위한 성인과 아동의 기도에서 성인의 기도는 질병에 대한 의학적이면서도 인지적인 이해가 나타나지만 아동의 기도에서는 거의 나타나지 않는다. 다시 말하면 기도의 내용은 위기를 규정 짓고 이해하게 하는 영성의 기능을 보여 준다. 그렇다고 해서 아동의 기도가 성인의 기도보다 낮은 수준의 영적 발달 단계에 있다고 보기는 어렵다.[8)]

기능, 내용, 형태를 따로 규정 짓는 것은 우리가 영적 · 종교적

8) 예수는 어린아이처럼 기도하라고 설파하였다.

발달을 이해하는 데 더 많은 도움을 준다. 그러나 이것만으로는 개인이 어떻게 영적·종교적으로 발달하는지 설명하거나 정의하기 쉽지 않다. 이러한 어려움은 우리로 하여금 영적 발달 단계에 대해 논의하게 한다. 이에 대해서는 3장에서 자세히 논의할 것이다.

3. 아동 영성 교육

아동 교육에서 영성을 고려하는 것은 전혀 새로운 것이 아니다. 유아교육의 창시자로 알려진 Fröbel은 교육이란 바로 신적인 통일성을 구현하는 것이라고 하였다. Montesori는 어린이의 내면에는 진정한 영성이 잠재해 있다고 하였으며, 아동에게 내재해 있는 영성이 차단되는 것은 아동이 폭력과 움츠림, 이기심과 다른 사람에 대한 경시 속에 처해 있을 때이며, 더 나아가 어린이가 가진 특별한 영성이 적절한 환경 속에서 양육되지 않으면 서서히 희미해져서 발달하지 못한다(Wolf, 1996)고 했다. White(1962) 또한 아동이 경이감과 기쁨을 갖자마자 시작되는 형식적 교육은 불행하게도 그들의 영성을 억압하고, 점차 세상의 혼란과 산만함 속으로 아동을 밀어넣는다고 했다.

올바른 영성 교육은 Writings(1998)가 언급한 바와 같이 아동의 행복을 위한 토대로서, 새로운 인간이 되는 것에 그 근거를 두고, 인간에게 나타나는 가장 높은 수준의 영적 가능성을 이끌어 내게 하는 것이다(김정신, 2004에서 재인용). Elkind(1992)도 영성 교육에 대해 언급하기를 광의의 영성은 일상의 삶에서 사랑, 용서, 관용과 같은 인간의 가장 고상한 자질의 모범을 보여 주는 것이며, 이는 교육적 수단을 통해 양성될 수 있는 것이라고 보았다. Groome(1998)도 영적인 것과 종교가 동의어는 아니지만 밀접한 관계가 있으며, 영적인 것과 종교의 차이에 대한 인식으로 종립학교[9] 교사들과 신앙적인 부모, 심지어는 공식적이지는 않으나 비종교적인 공교육을 행하는 교사들마저도 학습자들의 영적인 욕구를 채울 수 있는 다양한 방법과 내용들이 있다고 하였다. 즉, 자연의 아름다움, 창조적인 인간, 문화 등을 학습자들이 감상하고 즐길 수 있도록 도와주는 것이 영성 교육에 필요하다고 하였다. Grainger(2003)도 자기인식의 발달은 경이로움과 초월적인 감정을 느끼는 기회가 필요하다고 보고했는데, 바로 이 기회가 영성 교육이라고 볼 수 있다.

아동의 영성을 올바르게 이해하고 제공하는 영성 교육이야말로 아동이 사랑, 용서, 관용과 같은 인간의 가장 고상한 자질을 키울 수 있게 도움을 줄 수 있고, 아동에게 자연의 아름다움을 느끼게 하며, 창조적인 인간 문화를 이룰 수 있게 한다. 나아가 자신을 올바르게 인식하고, 초월적인 감정을 느끼게 할 것이다.

아동 영성 교육에 대한 논의에 앞서 아동 영성 교육의 몇 가지 전제 조건을 살펴보기로 하겠다. 아동 영성 교육의 첫 번째 전제 조건은 영성이란 인간이 가지는 본성적이고 보편적인 능력이며, 아동은 선천적으로 이 능력을 가지고 태어난다는 것이다. 이는 Nye와 Hay

9) 종교 재단에서 설립한 학교

의 연구(2006)에서 인간의 영성이란 생물학적으로 보편적인 것이라고 결론을 내린 것과 같은 맥락이다. 이들은 동물학자 Hardy(1979)가 '종교적 경험'이 개인의 생존적 가치이기 때문에 자연선택의 과정을 거쳐 진화된 것[10)]이라고 주장한 것을 인용하면서, Hardy가 언급한 '종교적 경험'은 바로 '영적 의식(spiritual awareness)'이라고 보았다.

아동 영성 교육의 두 번째 전제 조건은 아동의 영성이 신체와 마음(정신, 인지, 정서적 기능)의 조화 속에서 이루어진다는 것이다. 아동 영성 교육은 인지 중심의 교육과는 달리 인간에 대한 전인적이고 심층적인 이해를 배경으로 하기 때문에 신체, 마음, 영성의 세 측면을 모두 고려하여 이루어진다. 이러한 전제를 바탕으로 몸, 마음, 영성의 상관관계를 증명하는 연구들이 많이 이루어져 왔다.

이에 관한 많은 연구에서 심혈관 질환, 급·만성 통증, 소화기계 질환 등의 원인으로 마음을 관련시켜 왔으며, 개인의 인식 체계와 믿음의 정도에 따라 차이가 있지만 다양한 명상법이나 종교, 철학 체계나 수행 방법이 치유에 도움이 된다(이은경 외, 2010)고 하였다.

이외에도 발도르프 교육에서 인간의 발달 과정을 영적인 것이 점차 몸으로 나타나는 점진적인 육화의 과정으로 보는 것도 몸, 마

10) 신과 종교를 믿는 것은 진화론적으로 생존에 유리하다. 인간은 혼자서 생존하기 어렵기 때문에 자신을 둘러싼 자연과 사회를 움직이는 어떤 외적인 힘을 의식하며 그것에 의존하게 된다. 그 외적인 힘에 의지하여 공포와 두려움을 해소하고, 타인과 협동하여 생존에 위협이 되는 요소를 제거해 나감으로써 생존에 있어서 보다 유리한 위치에 있을 수 있다.

음, 영성이 서로 관련되어 있으며, 아동 영성 교육은 이 세 가지를 조화롭게 고려해야 한다는 것과 같은 맥락이다. 이러한 두 번째 전제 조건을 바탕으로 아동 영성 교육은 몸, 마음, 영성을 모두 고려하여 이루어져야 한다.

셋째, 아동 영성 교육은 아동 자신과 아동을 둘러싼 타인, 자연, 초월적 존재와의 관계를 통해 드러난다. 따라서 아동 영성 교육의 내용에는 아동을 둘러싼 사회적 환경(가족, 또래, 교사, 공동체 등)과의 관계와 아동을 둘러싼 자연적 환경과의 관계를 포함해야 한다. 나아가 아동과 신성과의 관계에서 드러나는 경외, 숭상, 직관 등을 다룰 수 있다.

이러한 전제 조건을 바탕으로 아동 영성 교육의 기본 원칙을 제안할 수 있다. 이 책에서는 영성 교육의 기본 원칙을 김정신(2004)이 제시한 영성 교육을 위한 기본 원칙을 일부 수정하여 다음과 같이 정리하였다.

첫째, 아동의 영성은 보편적으로 내재되어 있는 것이므로 아동 영성 교육은 특정 종교에 국한되는 종파교육이 아니어야 한다. 아동 교육 및 상담에서 아동의 영성을 다루는 것은 종교적 행위가 아니라 존재의 전체성을 확인하는 것이다. 이러한 전제를 바탕으로 인간의 본질적인 특성으로서 느낄 수 있는 우리 자신과 보이지 않는 신비적이고 놀라운 어떤 거대한 것 간의 연결성, 즉 누미노제 경험을 다룰 수 있다.

둘째, 영성은 다양한 교육과정의 접근이나 다양한 교수 · 학습 전략을 통하여 성장하고 육성할 수 있는 실제다. 아동기의 영적인 경험은 언어적인 측면과 비언어적인 측면을 포함한다. 비언어적인 측면은 상징, 자각, 상상력과 같은 경험이다. 즉, 누미노제 경험이다. Vygotsky는 아동의 비언어적인 측면의 경험이 오히려 인지적인 한계를 넘어서 아동기 영적 체험의 기초가 된다고 주장한 바 있다. 구체적으로 음악, 공간, 분위기, 직관적 상상이 비언어적인 측면의 경험으로서 아동기 영적 체험의 기초가 된다고 할 수 있다. 그러므로 이러한 비언어적인 체험을 교수·학습전략에 사용할 수 있어야 한다. 이외에도 아동의 내적인 삶을 위한 교육과정, 예술교육, 지구교육, 지역 사회 프로젝트에 참여하는 자원 활동 교육 등이 아동의 영성을 성장시키고 육성하는 바람직한 영성 교육의 방법이다.

셋째, 영성 교육에서 교사의 주된 역할은 지식의 전달이나 주입하는 것이 아니라, 온 마음을 다하여 진정으로 아동과 함께하고 아동에게 보살핌을 제공하여 아동의 영성을 일깨우는 데 있다. 특히 영성 교육에서 교사는 아동이 영적으로 성장하고, 사회(사회 정의)와 자연(생태 정의)에 대한 책임감을 갖도록 도울 위치에 있는 사람이다.

영성 교육에서 교사는 지식 또는 기술 교육을 뛰어넘는, 아동의 발달에 역점을 두어야 한다. 영적 통찰을 위한 모니터링, 깊은 자기 성찰 그리고 영적 관심을 가지고 아동과 적극적인 대화를 통해 아동의 영성을 일깨워야 한다.

마지막으로, 아동 영성 교육에서 교사는 무신론자, 유신론자, 불가지론자, 정령 숭배자나 다신론자들의 각기 다른 시각을 아우를 수 있는 능력을 지녀야 한다. 교사는 다양한 영적 관점과 종교적 관점을 가진 사람들 사이에서 가교 역할과 조정자 역할을 해야 한다. 이렇게 함으로써 교사는 다양한 영적 관점을 아우르는 창의적인 통합자로 봉사할 수 있으며, 이를 위해 영적 유연성과 포괄적 이해심을 지닐 필요가 있다.

넷째, 영성 교육에서는 아동뿐만 아니라 교사 자신의 영성도 육성해야 한다. 교사는 자기 자신을 돌보고, 다양한 영적 훈련을 통하여 자신에게 필요한 에너지와 자원을 얻을 수 있어야 한다.

다섯째, 영성 교육은 아동과 교사, 아동과 부모, 아동과 교육기관, 지역 사회의 연결이 유기적으로 이루어질 때 가능하다. 그러므로 아동 영성 교육을 위해 부모나 지역 사회의 적극적인 연결과 참여가 요구된다.

이와 같은 전제와 기본 원칙을 바탕으로 한 영성 교육은 지식의 일방적인 전달을 배제하며 아동이 자신 속에 내재해 있는 영성을 스스로 알아차리고 키워 나갈 수 있도록 돕는 것이다. 자발적인 인식을 통하여 창의성과 자발성을 길러 주는 것이다. 지금까지의 논의를 종합하면 아동 영성 교육은 이 시대가 절대적으로 요구하고 있는 교육이며, 시대에 필요한 교육 방향임을 알 수 있다(유선희, 2010).

영성 교육과 유사한 영성 훈련의 일례

AA(Alcoholic Anonymous)는 익명의 알코올 중독자 치료 모임이다. Jung과 옥스퍼드 운동(Oxford Movement: 영국에서 퍼진 가톨릭 교회의 전통을 강조한 신학 운동)의 영향을 받아 만들어진 12단계 프로그램은 알코올 중독증 치료에 큰 효과가 있어 세계 각지에 퍼져 있다. Jung은 알코올 중독이 어떤 의료 또는 정신심리상담이나 치료로도 해결하기 어려운 심각한 문제이지만, 영적 각성이나 종교적 체험으로 치료될 수 있다고 보았다.

알코올 중독으로 병원에 입원 중이던 Wilson(William Griffith Wilson)은 미국의 심리학자인 James의 『종교적 경험의 다양성』이라는 책을 읽으며 AA 12단계의 기초를 다졌다. 옥스퍼드 운동이 기독교의 신과 관련되는 반면, AA는 나보다 더 큰 힘(high power)에 대한 자신의 신념과 관련된다.

하지만 두 가지 모두 개인 변화의 궁극적인 원천은 자신보다 강력한 힘에 있다는 것을 강조한다. AA 12단계의 핵심은 영적 각성 혹은 회심 체험에 있다. 자기 발견, 자기 변화, 관계회복 등을 통하여 인간 본성을 회복하는 프로그램이다.

AA는 근본적인 영적 프로그램으로서, 치료가 아니라 삶과 존재의 방법이라고 할 수 있다. 이 프로그램에서는 알코올 중독에 대해서는 1단계에서만 언급할 뿐 그 밖에 나보다 더 큰 힘(high power)의 관계, 그에 대한 지식, 자기 탐색, 고백, 변화하는 것에 대한 개방성, 보상, 교정, 명상, 봉사 등을 경험적, 의학적, 인지행동적, 심리학적 현상에 접목한 통합적인 프로그램이다.

이 AA 프로그램은 현재 비종교적, 비정치적 프로그램으로서 전 세계에 널리 퍼져 있다. 앞에서 언급한 바와 같이 AA 프로그램은 경험적, 의학적, 인지행동적, 심리학적 현상을 접목한 통합적인 프로그램으로서, 영성 훈련과 교육 프로그램을 제안할 때 하나의 모델이 될 수 있다.

제2장

영성 발달 연구의 역사

아동 영성 발달[1]에 관한 과학적 연구의 시초는 1882년 Hall의 아동 연구다. 사실 Hall의 '아동 연구(child study)'는 아동 영성 발달에 관한 연구로서 뿐만 아니라 아동에 관한 모든 과학적 연구의 시초라고 할 수 있다. 그는 '아동 연구'에서 아동의 종교적 상상력이 연령에 따라 어떻게 변화하는지에 관해 조사했다.

Hall의 연구 이전에 영성에 관한 연구는 이미 존재해 왔다. 왜냐하면 '영성'이라는 용어가 보편적으로 사용되기 시작한 것이 비록

1) 이후 이 책에서 아동 영성 발달은 종교성 발달을 포함한다. 경우에 따라 영성 발달, 영성 및 종교성 발달, 종교성 발달이 혼재되어 언급될 것이다. 종교와 영성이라는 용어가 때때로 상호 교환적으로 사용될지라도, 이 책에서 우리는 종교라는 용어를 조직화된 종교 단체의 신념과 실천을 고수하는 것으로, 그리고 영성이라는 용어를 특정한 종교에 대한 소속과 관계없이 개인과 초월적인 실체 사이의 관계에 관한 것으로 사용한다.

최근이라 할지라도, 그 의미의 역사는 기독교의 역사와 더불어 매우 오래되었고, 또 역사적으로 다양하게 해석되어 왔기 때문이다(손원영, 2009). 2장에서는 Hall의 아동 영성에 관한 과학적 연구를 대략적 기준으로 하여 영성 발달 연구의 역사를 19세기 이전의 영성 발달 연구와 19세기 이후의 영성 발달 연구로 나누어 살펴볼 것이다.

1. 19세기 이전의 영성 발달 연구

19세기 이전의 영성 연구는 주로 신학적 측면에서 이루어졌다. 이는 19세기 이후의 영성 연구가 신학적 측면에서 벗어나 심리학 · 사회복지학 · 간호학 · 노인학 · 의학 등의 학문적 영역에서 이루어지는 것과 대비되는 것이다. 19세기 이전의 영성이란 신학적 측면에서 육체적 혹은 물질적인 것과 대비되는 의미를 가지고 있었다. 19세기 이전의 영성은 학문적인 것이라기보다 종교적인 것이었으며, 종교적으로 신에게 이르기 위한 논의가 이루어졌다. 이것이 바로 19세기 이전의 영성에 관한 연구가 그 이후의 영성에 관한 연구와 다른 점이다.

반면, 19세기 이전의 영성 연구와 그 이후의 영성 연구가 같은 점은 영성의 발달을 단계로 파악하고 있다는 점이다. 예컨대, 고대 이집트와 티베트의 '사자의 서'에서는 영성 발달 과정을 신에게 이르는 단계와 법열로 이끄는 단계로 구분하였다(Oser, Scarlett, & Bucher, 2006). 기독교 신앙에서 본다면 고린도 전서[2]에서 사도 바울이 말하기를, 아동은 질적으로 다르게 사고한다고 하였다. 기독교 신앙적 전통에서 볼 때, 발달과 단계의 개념은 영적, 종교적 삶을 정의하기 위해 자주 사용되었다. 초기 교회의 4대 교부 중의 하나인 Ambrosius[3]는 신에게 이르는 4단계를 설정했고, 누르시아의 Benedict[4]는 겸양의 12단계에 대해 기술했다(Oser et al., 2006). 기독교 초기 교부시대의 Clement와 동방교회의 Nyssa 또한 3단계의 영성 발달 과정을 제시했다. 이외에 신비주의자인 Eckhart,[5] 아빌라의 Porete,[6] Teresa(Teresa de Cepeda y Ahumada),[7] 십자가의 성 요한[8] 등도 영적 발달의 단계 모델을 제시하였다. Salzman,[9] Calvin,[10] Basedow[11]와 같은 전통적인 학자들도 아동이 종교적으

2) 고린도 전서 13장 11절: 내가 어렸을 때에는 말하는 것이 어린아이와 같고 깨닫는 것이 어린아이와 같고 생각하는 것이 어린아이와 같았다가 장성한 사람이 되어서는 어린아이의 일을 버렸노라.

3) 밀라노의 주교였던 Ambrosius(334~397)는 성 아우구스티누스, 예로니모, 그레고리우스 교황과 함께 4대 교부 중의 하나다.

4) 누르시아의 Benedict(480~543)는 몬테카시노 수도원을 개설한 수도자로, 중세 수도원 운동을 이끌었다.

5) Meister Eckhart(1260~1327)는 파리와 쾰른에서 신학교수로 지냈고, 도미니크 수도회에 속한 목회자이며 지도자였다. 그는 신과의 합일을 이루는 두 가지 단계를 제안했다.

6) Marguerithe von Porete(출생년도 미상~1310)는 Eckhart의 제자다.

7) 아빌라의 Teresa(1515~1582)는 로마 가톨릭의 신비주의자이자 수도원 개척에 전념한 인물이다. 그녀는 하나님과의 합일에 이르는 단계를 7단계로 나누었다.

8) 십자가의 성 요한(John of the Cross, 1542~1591)은 아빌라의 테레사와 함께 중세 수도원의 개혁을 주도했다. 교회의 가장 위대한 신비가 중 한 명이며, 그의 저서들은 가장 유명한 영성 신학의 고전으로 인정받고 있다. 그중에서도 『카르멜의 산길』 『영혼의 노래』 『사랑의 산 불꽃』 등이 유명하다.

9) Salzman, C. G.(1774~1811)은 Basedow와 같은 시기에 활동한 독일의 교육 개혁가다.

10) Calvin, J.(1509~1564)은 프랑스의 종교 개혁가다.

11) Basedow, Johann Bernhard(1723~1790)는 독일의 교육 개혁가로, 루소의 영향을 받았다.

로 발달한다고 보았다.

19세기 이전의 영성 연구나 그 이후의 영성 연구의 공통점이 영성 발달을 단계로 보는 것이므로, 19세기 이전의 영성 발달에 관한 단계론적 접근은 현대 발달 이론가들의 단계 모델과 비교되곤 한다. Meadow(1992)는 아빌라의 Teresa가 설정한 신과의 신비적 연합에 이르는 7단계 모델과 Loevinger의 자아 발달 모델, Jung이 제시한 개성화를 이루어 가는 과정이 유사하다고 주장했다. 아빌라의 Teresa는 기독교 신비가이면서 동시에 당시 교회 개혁에 관여했던 행동가였다. 그녀는 『영혼의 성』이라는 저서에서 영적 여정을 7단계로 구분하였다. 그녀가 제시한 마지막 단계인 가장 은밀한 궁방으로의 여행은 Jung이 제시한 무의식으로의 여행과 비슷하다. Teresa가 자아에 대한 지식을 영적 여행의 초기에 둔 것과 Jung이 인생의 전반기를 외부 세계의 지식을 배우고, 습득하고, 성취하는 시기로 본 것 또한 Teresa의 단계모델과 Jung의 단계모델이 유사한 측면이다. 이러한 경향은 Loevinger의 자아 발달 모델에서도 유사하게 나타난다. 이외에도 Steele(1994)은 십자가의 성 요한이 언급한 영적 단계 이론을 자아초월 심리학의 관점에서 재구성했다. 그러나 과학 이전 시기의 이 이론들은 전체적인 신앙생활에 대한 이상적인 모델을 제시할(Oser et al., 2006) 뿐 연령에 따른 변화를 다루는 체계적인 발달 이론이라고 보기에는 어렵다.

2. 19세기 이후의 영성 발달 연구

19세기에 들어서자 영성 발달에 관한 과학적 연구가 폭발적으로 이루어졌다. 19세기 이후의 영성 발달 연구는 19세기 이전의 영성 발달 연구와는 달리 종교와 영성을 구분하기 시작하였다. 영성에 관한 연구는 심리학, 교육학, 사회복지학, 간호학, 의학, 노인학 등에서 학제적으로 이루어졌다. 인간 발달과 영성 발달은 상호 밀접하게 연결되어 있다는 확신하에 많은 연구가 영성과 심리학과의 연계 속에서 진행되고 있다(손원영, 2009).

폭발적으로 증가한 영성에 관한 과학적 연구들의 접근 방식은 크게 세 가지로 나눌 수 있다. 첫째는 영성을 발달 단계적 관점에서 본 것이다. 따라서 영성 발달과 인간 발달이 상호 연결되어 있다고 본다. 즉, 모든 인간은 인지적, 사회적, 정서적 측면에서 발달 단계를 거쳐 성인이 되어 가듯이 영적인 측면에서도 일정한 발달 단계를 거쳐 변화해 간다고 보는 것이다.

둘째는 영성을 심리적 기능의 관점에서 보는 것이다. 즉, 개인적인 한계에 대처하는 심리 기능적 측면에서 영성 발달을 파악한다. 따라서 두 번째 측면에서 영성이란 개인이 심리적으로 잘 기능해 가도록 도와주는 심리적 동인이다. 심리적으로 잘 기능한다는 것은 정신적 건강과 거의 동일한 의미라고 할 수 있다.

요즘 들어 스트레스 원과 스트레스 반응에 영향을 주는 개인의 심리 요인으로 영성을 포함한 가치와 신념, 희망 등이 다루어지고 있다(Koh & Park, 2004). 특히 스트레스 완충에 영성과 종교적 신념이 제시되고 있다(Delgado, 2007; Lazar, 2010).

이러한 맥락에서 영성은 총체적 존재인 인간의 전인성을 키워 주는 건강한 에너지임과 동시에 활기차도록 돕는 요소로서 종교적 신념뿐만 아니라 비종교적 신념까지 포함하며, 가치와 이상을 의미하는 내적 자원(Sessanna, Finnell, & Jezewski, 2007)인 셈이다. 에릭슨(Erikson, 1968)은 청소년기의 자아 정체감 형성에서 종교의 역할을 강조하였다. 많은 연구들은 종교와 영성이 성인의 정신건강에 긍정적인 영향을 미친다고 보고하였다(Koenig, McCullough, & Larson, 2001). 이와 유사하게 청소년 대상의 연구에서도 종교와 영성이 우울, 약물 사용 등의 문제행동을 감소시키는 보호 요인으로 작용하며, 삶의 만족도를 향상시키는 등 청소년의 정신건강에 긍정적으로 기여하는 것으로 나타났다(Kim & Esquivel, 2011). 두 번째 접근을 가장 집중적으로 이용하는 분야는 정신분석학 이론이다.

세 번째는 영성을 유형적 측면에서 파악하는 것이다. 세 번째 측면에서는 영성 발달 단계가 각각의 완성된 상태를 가정한다. 세 번째 측면에서의 영성 연구는 주로 MBTI 성격 유형 이론이나 에니어그램과 관련된 영성 연구 등을 들 수 있다. 예를 들어, MBTI 성격 유형 이론은 16가지의 성격 유형을 가정한다. 각각의 성격 유형은 완전한 형태로, 이 완성된 상태는 관념적이다. 이는 에니어그램 또한 마찬가지다. 에니어그램에서는 인간을 9가지 유형으로 분류하고, 환경적인 장애나 심리적인 문제로 인해 자신의 유형에 맞게 행동하거나 기능하지 못할 경우에 자신의 유형을 찾도록 도와준다.

혹은 영적 모범(exampler)에 관한 구체적인 예를 통하여 영성 발달의 완성된 유형에 대해 논의하기도 한다.

세 번째 측면에서는 영적 모범이 완전하다고 주장하기보다는 영적 모범[12)]을 분석함으로써 영적 완전함을 이루는 것이 무엇인지,

---

12) 영적 모범의 예

Abraham Lincoln

Abraham Lincoln은 미국의 제16대 대통령으로, 초대 대통령인 조지 워싱턴과 함께 미국인들이 가장 존경하는 대통령으로 꼽힌다. 그는 켄터키 주 외진 황야에서 빈농의 아들로 태어나 정식교육을 받지 못했다. 빈농의 아들에서 대통령으로 되게 한 것은 무엇인가?

링컨이 어렸을 때의 일이다. 친구에게 책을 빌렸다가 지붕이 새어 책이 젖는 바람에 책을 못 쓰게 되자, 링컨은 친구에게 사죄하고 책값 대신 노동을 해 주었다. 상점의 점원으로 일할 때의 일이다. 하루는 물건 판 값을 계산해 보니 3센트가 남아 곰곰이 생각한 끝에 어떤 부인에게 거스름돈을 주지 않은 사실을 깨닫고 먼 길을 달려가 그 돈을 갚았다고 한다.

Lincoln은 미국인들에게 정직한 인물로 알려져 있다. 링컨이 영적으로 성장하게 된 계기는 정직함에 있다. 만약 링컨이 비에 젖어 못 쓰게 된 친구의 책을 돌려주지 않았다면, 3센트의 작은 돈을 돌려주기 위해 먼 길을 가지 않았다면, 그는 영적인 모범으로 성장하지 못했을 것이다.

Lincoln은 정직이라는 기준에서 영적 모범이 될 수 있다. 영적 모범이란 완전한 인간을 의미하는 것이 아니라, 모범을 통해서 완전함을 이루는 다양한 기준과 이상을 설정하는 것이다. 예컨대 정직으로, 희생으로, 창의성으로, 공평함으로 영적 모범을 이룬 사례를 동서양을 통해 발견할 수 있다. 영적 모범의 생애를 분석함으로써 어떤 계기로 영적 모범으로 나아갔는지를 파악하여 영성 교육이나 연구에 활용할 수 있다.

Martin Luther King, Jr.

마틴 루터 킹 또한 영적 모범의 한 예라고 할 수 있다. King은 1929년생으로, 조지아 주 애틀랜타에서 태어났다. 당시 인종 차별은 합법적이었고 노골적이었다. 모든 기관이 인종에 따라 분리되었는데, 심지어 교회조차도 흑인이 가는 교회와 백인이 가는 교회가 따로 있었다.

목사의 아들로 태어난 King은 매우 종교적이었고, 예수의 가르침을 따라 살고자 했으며, 영적으로 자라났다. 아버지와 마찬가지로 목사가 된 King은 Rosa Parks 사건이 일어나기 전까지는 평범한 목사에 불과했다. 재봉사였던 Rosa Parks가 버스에서 백인 남성에게 자리 양보를 거절하면서 촉발된 몽고메리 버스 거부 사건의 의장이 된 King은 많은 고

발달을 규정하는 기준이나 이상을 설정하여 완성의 근사치로서 발달의 단계나 수준을 평가한다(Oser et al., 2006). 영성 발달은 아니지만 이와 유사한 예로 Rogers의 완전기능인(full functioning person)이나 Maslow의 자아실현인과 같이 발달의 완성이나 이상(理想)을 설정하는 것을 들 수 있다.

1) 발달 단계적 측면에서 본 영성 발달 연구

발달 단계적 관점에서 본 영성은 아동이 어떤 발달 단계를 거쳐 성인에 도달하는가를 규명하는 것이다. 예컨대 아동이 갖고 있는 신에 대한 이미지가 어떤지, 그리고 그 이미지가 어떤 단계를 거쳐 성인이 갖는 신에 대한 이미지에 도달하는지를 보는 것이다. 여기서 성인이란 개인의 능력이나 사회적 기대와 윤리, 문화적 다양성에 따라 개인차가 있지만 신체적, 정서적, 인지적, 사회적 발달 과정을 거친 그 사회가 규정하는 사회적 성인을 의미한다(Oser et al., 2006).

이 관점에서는 아동의 천국에 대한 개념, 신에 대한 개념, 종교

통을 겪게 되었다. 그러나 이 과정에서 King은 사랑을 삶의 중심에 두고 결코 폭력을 사용하지 않는 그의 원칙을 고수하였고, 결국 총에 맞아 사망하게 되었다.

King은 사랑이라는 기준에서 영적 모범이 될 수 있다. King에게 있어서 사랑이란 비폭력적인 것이다. 그는 비폭력적인 사랑이야말로 억압받는 이들이 자유를 얻기 위한 투쟁에서 사용할 수 있는 가장 강력한 무기라고 설파하였고, 실제로 인종 차별적인 식당에서 연좌농성을 하는 것, 인종 차별적인 버스를 보이콧 하는 것, 대중적인 가두행진 등 비폭력적인 방법을 사용하여 항거하였다. 그는 시위자들에게 상대의 언어적 폭력, 심지어는 신체적 폭력에 대해서도 앙갚음하지 않도록 요구하였다. 우리는 Martin Luther King의 삶을 분석함으로써 어떤 계기로 그가 영적 모범이 되었는지를 알 수 있고, 이를 영성 연구와 교육에 적용해 볼 수 있다.

적 의심에 관한 개념, 그리고 보편적인 종교적 개념에 대해 조사한다. 그러고 나서 이러한 개념이 연령에 따라 어떻게 차이가 나는지를 밝히고자 한다. 다시 말해 아동기의 신에 대한 이미지와 사춘기의 신에 대한 이미지, 성인기의 신에 대한 이미지가 어떻게 다른지 비교하는 것이다.

발달 단계적 관점에서 영성 발달을 본 연구의 시초는 Hall이다. 그는 개인의 종교적 발달은 자신이 속한 종족의 종교적 발달을 반복한다고 주장했다(1904, 1923). 이는 개체 발생은 종족 발생을 반복한다는 이론과 유사하다. Hall이 주장한 바에 따르면 개인의 종교적 발달 또한 인류의 종교적 발달이 그랬던 것처럼 무의식에서부터 시작하고 물신 숭배와 자연 숭배의 단계를 거치게 된다. 바로 이런 이유에서 고대의 우상 숭배와 현대의 학령기 아동이 가지는 구체적이고 의인화된 신의 이미지가 유사한 것이라고 설명한다.

따라서 Hall은 아동이 좀 더 진보한 신앙을 받아들이기 전에 종족 발생의 초기 단계나 개체 발생의 초기 단계에서 경험되는 습득 방식을 체험해야 할 필요가 있다고 보았다. 그래서 그는 아동의 종교 교육은 구체적인 이미지와 생생한 이야기가 있는 구약성경으로 시작해서 청소년기 이후에는 추상적인 원칙과 가치에 근거한 신약성경으로 나아갈 것을 제안했다. 그러나 Hall이 개체 발생적 종교 발달과 종족 발생적 종교 발달을 연결한 것에 대해서는 많은 비판과 반박이 있었다(Gould, 1977).

이외에도 Hall이 공헌한 부분은 영적 · 종교적 영역에 과학적이고 경험적인 연구를 시작했다는 것과 사춘기가 영적 전환에 중요한 시기임을 밝혔다는 데 있다. 그는 청소년기에는 생애의 다른 시기들과 구별되게 내적 변화가 강렬하게 일어나면서 고유한 특성이 발달되는 것으로 이해하였다. 생애 발달의 관점에서 보면 청소년기는 이전의 시기와 큰 차이점을 보인다. 청소년기는 청소년기 이전에 맺어 온 자기중심적인 닫힌 세계로부터 또 다른 차원 높은 열린 세계에 자연적으로 눈을 돌리는 변환시기다(김재영, 2010).

이뿐 아니라 Hall은 발생심리학에 근거해 인간 발달의 단계를 유년기, 청소년기, 중년기, 장년기, 노년기로 구분하고, 인간의 몸과 정신은 각 시기마다 독특한 특성을 발생시킨다는 것에 근거해서 회심연구뿐만 아니라 죽음과 공포 그리고 성과 사랑 같은 주제들도 구체적으로 다루었다(김재영, 2010).

영적 · 종교적 발달을 '발달 단계적으로' 사고하게 했을 뿐만 아니라 영적 · 종교적 발달이 과학적 연구의 대상임을 보여 주었다는 점에서 Hall의 영적 · 종교적 발달에 관한 심리학적 연구가 미친 영향력은 지대하다. Hall의 계통 발생적 이론은 종교적 발달이 생물학에 크게 영향을 받는다고 가정했다는 점에서 성숙론적 이론에 가깝다고 할 수 있다. 이런 성숙론적 관점은 Hall 이후 19세기 후반까지 이어졌다.

영성과 종교성을 발달 단계적 관점에서 보는 또 다른 예는 Allport[13]의 연구에서 찾을 수 있다. 그의 저서인 『개인과 신앙(The

13) G. W. Allport는 사회 심리학자로, 인간의 성격에 관한 이론을 체계화하였다. 그는 성격을 개인의 특유한 행동과 사고를 결정하는 개인의 심리신체적 체계 내에 존재하는 역동적인 조직이며, 성장에 따라 변화하는 것이라고 생각했다.

Individual and His religion)』에는 발달적 연속선상에 위치한 종교성의 두 유형에 대해 기술되어 있다. 첫 번째는 자기중심적 종교성(비본질적 종교성)이다. 이는 주로 어린아이들이 기도로 물질적인 것을 얻어 내고자 하는 데서 볼 수 있다. 이들은 신을 구체적이고 의인화된 존재로 생각한다. 이런 종교성은 비본질적 종교관의 전신이라고 볼 수 있다.

사춘기에 이르면서 아동은 자기중심적 종교성에서 벗어나게 된다(기도한 대로 이루어지지 않기 때문에, 혹은 부모나 교사로부터 배운 신정론(神正論)[14]과 새롭게 형성되기 시작한 자신의 판단과 사고가 갈등을 일으키면서). 아동은 좀 더 추상적이고 새로운 종교적 개념을 형성하고 자기중심적이지 않은 두 번째 유형의 종교성을 형성한다. 최상의 경우, 종교는 청소년 개성의 일부가 되고 기능적 자율성의 기준으로 작동한다. 이런 경우의 종교성을 본질적 종교성이라고 한다.

Hall의 연구 이후로 수십 년 동안 종교성을 본질적 종교성과 비본질적 종교성으로 구분하는 것은 종교 심리학에서 가장 영향력 있는 구분법 중의 하나였다(Oser et al., 2006). 수백 편의 연구들이 본질적 종교성을 행복감(안녕감)과 같은 바람직한 결과물과 긍정적인 관계가 있다고 밝혔다(Lerner, Dowling, & Anderson, 2003). 반대로

14) 수많은 신정론에 관한 논의와 해석이 있지만, 신정론(神正論)이란 어떤 경우에도 신은 옳다고 보는 것이다. 보통 사람들은 아프리카의 굶어 죽어 가는 영유아들을 보면서 신이 있다면 도저히 일어날 수 없는 비참하고 정의롭지 못한 일이라고 생각하면서 '신은 어디에 있는가?' '신은 과연 존재하는가?' 라는 질문을 던진다. 그러나 어떠한 상황에서도 신은 존재하며 옳다고 보는 것이 신정론이다.

비본질적 종교성은 종교적 편견과 같은 바람직하지 않은 결과물과 유의한 상관이 있다고 발표되었다(Wulff, 1991, pp. 271-242).

20세기 여성 신학자로인 Underhill(1930)도 영성 발달을 단계로 구분하였다. 그녀는 신과의 일치에 이르는 다섯 단계를 다음과 같이 제시하였다. 그녀는 133명의 신비가들을 인용하면서, 첫 번째 단계는 각성 단계로 하느님을 향하고픈 영혼의 열망이 깨어나는 단계이며, 두 번째 단계는 정화 단계로 개인의 거짓 가치관과 집착이 벗겨지는 고통스런 단계, 세 번째 단계는 조명 단계로 하느님에 대한 분명하고도 즐거운 이해가 있는 단계다. 이 단계에서는 환시나 황홀경 체험이 많이 나타난다. 네 번째 단계는 어두운 밤 단계로 하느님께 버림받았다는 느낌 속에서 고군분투하는 단계, 다섯 번째 단계는 일치 단계로 마침내 하느님과 연합하는 단계이며, 위대한 성인들만이 도달하는 단계다.

영성 발달을 단계적으로 보는 첫 번째 관점에서 영적 · 종교적 성숙은 성취 가능하고 가치 있는 목적이다(Oser et al., 2006). 더 나아가 성숙이 어떻게 개인이 기능을 하도록 하고, 사회에 공헌하는지를 이 연구들에서 볼 수 있다. 이러한 영적 · 종교적 발달은 청소년의 자아 탄력성 및 긍정적 발달과 관련된다고 보았다. 영적 · 종교적 발달과 심리적 기능과의 긍정적인 관계를 밝히는 연구들은 현재도 많이 이루어지고 있다.

발달의 각 단계로 넘어가기 위해서 바람직하다고 판단되는 영적 · 종교적 교육의 내용 또한 첫 번째 관점을 통해서 발견할 수 있다(Oser et al., 2006). 예를 들어, Hall이 제안한 것처럼 일화 중심의 종교 교육은 학령기 아동이나 유아에게는 적합하지만 사춘기 이후의 종교 교육은 보다 추상적이고 자기중심적이지 않은 내용을 포함해야 한다는 것을 종교 교육과 영성 교육에 적용해 볼 수 있다.

2) 심리적 기능의 측면에서 본 영성 발달 연구

영성 발달을 심리적 기능의 측면에서 파악하고자 할 때 도움이 되는 이론은 정신분석이론이다. 정신분석이론은 인간의 무의식이나 내적 심리의 갈등에 초점을 맞춘 이론이다. 그렇기 때문에 정신분석학 이론은 영성과 종교성을 심리적 기능의 측면에서 보는 데 도움이 된다.

그러나 정신분석이론이 갖는 기본 전제와 고유의 한계는 정신분석이론을 영성 발달에 적용할 때도 동일한 문제점과 논쟁을 가져온다. 정신분석이론이 갖는 기본적 전제는 오이디푸스 콤플렉스, 히스테리, 성충동(리비도), 꿈의 상징, 죽음의 충동 등에 관한 것이다. 그러나 이 모든 개념들은 과학적으로 증명되기 어려운 한계를 가지고 있다.

Freud를 시작으로 하는 정신분석이론은 Jung을 거쳐 대상관계 이론으로 발전해 갔다. Jung의 이론을 분석심리학이라고도 하지만, 그 근저에는 정신분석이론이 있다. Jung의 이론과 Freud의 이론은 같은 출발점에서 시작해서 완전히 다른 결론에 도달했다. Freud 학파와 대상관계 이론가들도 그 뿌리는 같으나 종교와 종교적 발달에 관해 평가하는 방식은 완전히 다르다.

Freud는 인간의 종교성에 관해 논의한 바 있다. 이 때문에 수많은 종교에 관한 정신분석 연구가 촉발되었다(Beit-Hallahmi, 1996). 1907년 초반, 그는 종교성을 강박적 신경증이며, 환상으로 정의했다. Freud에게 영적이거나 종교적인 주제들은 미신과 어리석음, 원시 마법적 사고, 항문기 충동의 억압에서 비롯된 강박적 행위, 미해결된 오이디푸스와 엘렉트라 콤플렉스 등이 반영된 것이었다. 그에게 있어 종교의 개념은 자연의 힘이나 노화, 죽음의 불가피성, 타인에 대한 적대감에 의해 위협받는 사람에게 안정과 안락을 제공하는 환상일 뿐이었다. 이런 관념들은 아동기 때 가까이에서 자신을 보호해 주던 사람들로부터 기인한다.

Freud의 이론을 살펴보면 남근기 동안의 남아는 아버지에 대해서 적대감을 느낀다. 그러나 실제로 아버지는 아동을 보호하는 역할을 한다. 남아가 아버지에 대해서 형성한 이미지는 이후에 신에게로 옮겨간다.

그러나 고전적인 Freud 학파의 정신분석학에서 종교적 발달은 단순히 투사의 문제가 아니며, 그것은 성충동을 승화하는 문제이기도 하다(Oser et al., 2006). Freud의 초기 논문인 「종교적 실제와 강박증적 행동」에서 Freud는 종교성은 어떤 충동(성적인 요소를 반드시 포함하는)을 포기할 때 생겨난다고 주장했다. Freud의 제자인 Schroeder는 Freud가 언급한 종교성의 근원에서 더 나아가 감정적이고 신비적인 형태의 종교성은 성적 본능을 억압함으로써 생겨난다고 하였다. 그의 주장에 따르면 억압된 성충동은 히스테리에 가까운 경건한 행동과 같은 왜곡된 형태로 나타난다고 한다.

Pfister(1911)는 Freud 이론을 종교적인 현상과 연결시킨 신학자다. 그는 중세의 신비주의자인 Ebner(Margarethe Ebner)의 종교적 발달을 설명하기 위해 Freud 이론을 차용했다. Pfister(1911)에 의하면 Ebner는 십자가 옆에 누워 가장 달콤한 감동을 경험하는 버릇을 가졌는데, 이는 불만족한 성욕을 승화시킨 증거라고 보았다. Pfister(1911)는 수많은 자서전에 실린 해결되지 않은 오이디푸스적 감정, 동성애적 성향, 승화, 억압, 신경증의 집합체를 종교적 성격으로 해석했다.

Pfister(1911)의 이러한 해석은 많은 비판을 받았다. 대부분의 비판은 Freud 이론 자체에 대한 비판과 다르지 않다. Freud 이론에 대한 비판 중에 가장 대표적인 것은 오이디푸스 콤플렉스가 신화에 기반하며, 특수한 문화적 차이나 역사적 차이를 무시하고 오이디푸스 콤플렉스를 어디에나 적용한다는 것이다. 마찬가지로 Pfister 또한 과학적으로 검증되지도 않은 Freud 이론을 종교적인 현상에 적용했다고 비판받았다.

Jung의 이론에서 종교는 긍정적인 역할을 한다. 이는 종교를 강박적 신경증이며 환상이라고 본 Freud와 배치되는 것이다. Jung 또한 Freud와 마찬가지로 무의식 혹은 숨겨진 심리적 영역(그림자)에 대해서 언급하였다. Jung에 따르면 모든 개인은 삶에서 억압된 것, 유기된 것, 무시된 것과 투쟁한다. 이런 과정에서 개인은 전체성을 향해 발달한다(Oser et al., 2006). 전체성이란 완전히 통합된 자기가 되는 것이다. Jung은 이 과정을 개별화라고 명명했다. Freud와 전혀 다른 이론적 관점 중 하나가 바로 이 개별화(individuation)에 관한 그의 개념이다.

개별화란 의식과 무의식이 전적으로 통합되면서 동시에 양립되는 자기(self)를 창조하는 것이다. 의식이나 무의식에 의해서, 혹은 어떠한 심리적 기능이나 태도, 심리학적 원형에 의해서 지배받지 않는 인간을 개별화된 인간이라고 본다. 개별화된 인간은 의식과 무의식의 균형을 이루고 있다. Jung에게 있어서 종교는 개별화 과정에서 중심적인 역할을 한다.

개별화의 목표는 개인적 필요와 현실적 요구 사이의 균형을 맞추는 것이다(Oser et al., 2006). Jung이 발견한 가장 위대한 통찰 중의 하나가 자아와 그림자는 같은 원천에서 만들어지며, 서로 정확한 균형을 이룬다는 것이다. Jung의 이론은 아니마와 아니무스, 의식과 무의식 등 대극의 이론이다. 이 대극 간의 균형은 인간이 전일성(wholeness)을 향해 나아가는 데 중요한 요소다.

이 균형을 이루는 것이야말로 영성을 향한 인간 발달의 동인이라고 할 수 있다. 이 균형은 모든 개인의 유산 중 일부인 집단 무의식 안에서 물려받은 원형(archetype)[15)]들의 도움으로 이루어진다. 종교 또한 이 원형과 관련된 방식으로 균형을 맞추는 데 중심적인 역할을 한다. 예를 들어, 가톨릭의 미사의례는 그림자가 문화적인 삶과 균형을 이루도록 도와주는 대표적인 의례다(Johnson, 1991). 이렇게 함으로써 개인은 그들의 그림자에 더 잘 대처하게 된다. Freud는 종교를 부정했지만, Jung은 영성 발달을 지지하기 위해

15) 집단 무의식으로부터 물려받은 원형이란 현자, 양육자, 고아, 전사 원형 등이 있다.

종교를 사용하고 포용했다.

Erikson은 Freud와 Jung에 이어 영적, 종교적 발달에 관한 연구를 한 3세대 정신분석 이론가다. Freud와 Jung이 그랬던 것처럼 Erikson도 발달의 원동력을 설명하기 위해 무의식적이고 내적인 심리학적 갈등에 초점을 맞추었다. 그러나 Erikson의 주안점은 간정신적 갈등이 가족 간의 주제를 어떻게 반영하는가뿐만 아니라 사회문화적 주제에도 어떻게 반영되어 있는지를 분석하는 데 있었다(Oser et al., 2006).

Erikson의 발달과업에 관한 설명 중에서 중요한 두 가지 개념은 기본적 신뢰와 정체성이다. Erikson에게 있어서 기본적인 신뢰감이 발달한다는 것은 신에 대한 신뢰를 포함한다. 또한 1차적 양육자와 생의 초기에 형성한 기본적인 신뢰감은 신에 대한 신뢰감으로 연결된다고 보았다(Oser et al., 2006).

Erikson은 개인이 정체성을 형성하는 것을 하나의 투쟁이라고 보았다. 그에게 종교는 개인이 정체성을 형성하기 위해 사용할 수 있는 몇 가지 방법 중의 하나였다(Oser et al., 2006). Erikson이 쓴 영향력 있는 책 중의 하나인 『Young man Luther』(1958)에서 Luther가 자신의 정체성을 형성하고 구축하기 위해 종교를 어떻게 이용하는지 잘 보여 준다.

최근 들어 신 분석심리학은 자신과 유의미한 타인에 대한 내면화된 이미지에 의해 개인 간의 관계의 질과 대인관계가 어떻게 영향을 받는지를 강조해 왔다. 바로 대상관계이론에 의해서다. 대상관계이론이 종교성과 관계되는 중요한 초점은 상상과 환상에 관한 것이다(Oser et al., 2006).

종교가 환상을 낳는다는 점에서 대상관계 이론가와 Freud 이론가들은 공통점이 있지만, 대상관계 이론가들은 종교적 환상을 부정적으로 본 Freud 이론가들과는 달리 종교적 환상이 반드시 나쁜 것은 아니라고 보았다. 이들은 상상이 충동과 객관적 실체 간의 쐐기역할[16]을 한다고 보았다. 그 쐐기란 충동의 위험성과 자폐적 사고의 위험을 막는 것이다. 반면에 그 쐐기는 불행과 파멸로 이끄는 방아쇠이기도 하다(Oser et al., 2006). 이러한 의미에서 대상관계 이론가들에게 종교적 환상은 긍정적인 측면과 부정적인 측면을 동시에 지닌다.

이러한 상상이 개인에게 항상 일어나는 것은 아니다. 개인이 삶의 변화를 앞에 두고 있을 때 잠시 나타나는 것이다. 만약 이러한 상상이 위기에 처한 개인의 삶을 긍정적인 측면으로 이끈다면, 상상의 내용이 거짓이냐 참이냐 하는 것은 중요하지 않다. 중요한 것은 그 상상이 과학적으로 증명되기 어려운 것일지라도, 그 내용이 진실한 어떤 것을 포착해 낸다면 그것은 중요한 의미를 지

16) 이에 관한 이해를 돕는 영화로 〈프레셔스(Precious)〉(2009)가 있다. 친부에 의한 성폭행으로 두 번째 아이를 임신한 프레셔스는 어려움이 닥칠 때마다 환상의 세계로 도피한다. 만약 프레셔스에게 이러한 환상이 없다면 현실을 견딜 수 없을 것이다. "모든 것은 우주로부터의 선물이다."라는 내레이션으로 시작하는 이 영화에서 주인공이 겪는 환상은 현실을 견디는 쐐기다.
"어떤 사람에게서는 주변 사람들을 환히 비춰 주는 빛이 난다. 하지만 그들도 원래는 어두운 터널 안에 갇혀 있었을 것이다. 그 터널 안에서 자기가 의지할 수 있는 유일한 빛은 오직 자기 내면의 빛이었을 것이다. 그런 경험 때문에 그 터널에서 빠져나온 뒤 한참이 되어서도 그들은 여전히 다른 누군가를 위해 자신의 빛을 나눠 주고 있는 것이다."라는 주인공의 독백은 우리에게 영성이란 무엇인가에 대한 해답을 준다.

닌다.

또한 대상관계이론은 개인과 신과의 관계를 이해하는 데 중요한 단서를 제공한다. 예를 들어, Kirkpatrick(1997)은 그리스도교 전통에서의 신이 애착 대상에 부합된다고 보고, 개인과 신의 관계를 부모와의 애착 관계에 관련지어 설명하였다. 부모와의 애착이 유아를 위험으로부터 보호하는 기능을 하는 것과 유사하게 종교는 스트레스나 다른 어려운 시기에 개인에게 위안과 안정감을 제공하는 관계적 체계로서의 역할을 한다는 것이다(김상원, 2011).

Rizzuto(1979) 또한 Freud가 신에 관한 표상이 출현한다고 한 오이디푸스 시기는 너무 늦은 시기라고 비판했다. 그녀는 신에 관한 표상이 초기 아동기에 시작된다고 보았다. 아동이 특별히 종교적인 가정에서 양육되지 않더라도 아동은 신이나 부처와 같은 성인의 표상을 형성한다. 이러한 표상과 이미지는 어머니, 아버지, 유의미한 타자로부터 기인한다.

애착이든 불안정 애착이든 어린 시절의 애착은 이후의 종교적 신념이나 신에 대한 관계적 이미지를 형성하는 데 기초가 되는 정신적 모형으로 작용한다고 설명한다(김상원, 2011). 실제로 개인이 신과 갖는 애착은 그가 부모와 형성한 애착과 유사하였으며(Piedmont, 2005), 부모에게 안정적으로 애착된 사람들은 부모의 신앙이나 신에 대한 이미지를 받아들이는 경향이 있었다(Hertel & Donahue, 1995).

종합해 보면 Freud에 의한 고전적인 정신분석학 이론, Jung에 의한 분석심리학, 대상관계이론은 두 번째 관점에 다양한 업적과 사례를 제공한다. 일례로 Freud는 오이디푸스 콤플렉스나 신경증 등이 종교적 발달과 관련되어 있다고 보았고, Jung은 무의식과 의식 간에 균형을 이루려는 추동이 영적 발달을 이루어 가는 원동력이라고 보았다. 대상관계이론에서는 어렸을 때 애착을 형성한 방식으로 신과의 애착을 형성한다는 함축적인 해석을 제시한다. 이러한 설명들은 과학적으로 입증되기 어렵지만, 영성 발달에 관한 많은 내용을 생각하게 한다.

3) 유형적 측면에서 본 영성 발달 연구

유형적 측면에서 본 영성 발달은 영적으로 완전하게 발달한 인간의 유형을 정의하는 것이다. 물론 완전하게 발달하기 이전의 유형을 가정하기도 하지만 이는 영적으로 완전하게 발달한 인간의 유형을 설명하기 위한 보조 장치일 뿐이다.

유형적 측면에서 영성 발달을 본 첫 번째 사례는 William James[17)]의 기념비적 업적인 『종교적 경험의 다양성(The Varieties of Religious Experience)』(1902)에 나타나 있다. 이 책은 종교 분야의 고전이라고 할 수 있다. 그는 이 책에서 종교적 경험을 보편적인 현상으로 파악하고 인간 본성에 내재한 종교적 특성에 대해 고찰하였다. 그는 이 책에서, 종교 전통의 객관적이고 외면적인 요소들을 상호 비교해 보면 시대나 종파에 따라 종교 전통에 뚜렷한 차이가 있지만 그

17) William James는 미국의 철학자이자 심리학자다. 실용주의 철학의 창시자로, 대표적인 저서로는 『종교적 경험의 다양성』이 있다.

이면에는 인간의 마음속에서 우러난 종교적 경험의 표현이 공통적임을 밝히고자 하였다. 이 책에서는 영적 · 종교적 발달에 관한 것이나 아동의 영성에 대해 언급하지도 않는다. 다만 종교적 유형을 언급한다.

James는 종교적 유형을 낙관적 성품(healthy mind)과 고뇌하는 영혼(sick soul)으로 나누었다. 낙관적 성품은 긍정적인 세계관을 가지고 있어서 자신의 삶에 나타나는 일들을 단순하고 행복하게 받아들이고 낙관적으로 해석한다. 낙관적 성품을 가진 인간 유형에게 있어 세상은 선함으로 둘러싸여 있으며 악이란 존재하지 않는다. 그렇기 때문에 이들은 중생(rebirth)[18]이 없다.

반면 고뇌하는 영혼은 인간을 부정적으로 보고 제반의 문제에 대해 자율적인 해결 능력이 없다고 파악한다. 이들의 내면을 설명하는 개념은 고독, 자기 부정, 죄의식 등이다. 따라서 이들은 아무리 아름다운 현상을 보더라도 결코 낙관적으로 해석하는 법이 없다. 이들에게 구원이란 없으며, 구원은 초자연적인 존재의 힘을 빌어야 이루어질 수 있다. 이들에게는 중생이 있다. James는 고뇌하는 영혼의 예를 톨스토이의 고통스러운 방황, John Buyan의 근원적 삶에 대한 물음, 성 아우구스티누스의 고통스러운 참회에서 찾았다.

그는 고뇌하는 영혼이 현실을 좀 더 성숙하게 파악하고, 영적 발달의 가능성이 큰 존재라고 보았다. 왜냐하면 낙관적 성품을 가진

18) 중생이란 영혼의 탄생이다. 첫 번째 태어나는 것이 육체의 탄생이라면, 회심을 통해 영혼이 탄생되는 것은 중생, 즉 두 번째 태어남이다.

경우에는 인간을 긍정적으로 보기 때문에 삶이 고통스럽지 않고 스스로 삶을 개선해 나갈 수 있다. 반면 고뇌하는 영혼은 인간을 부정적으로 해석하여 스스로 그 문제를 해결해 나갈 힘이 없기 때문에 문제를 해결할 수 있는 회심 경험(conversion)[19], 즉 영적인 탄생이 필요하다. James는 고뇌하는 영혼에게 있어 회심 경험 혹은 영적인 탄생의 경험이 없다면 자신의 문제뿐만 아니라 사회의 문제를 해결할 수 없다고 생각했다.

그는 자신의 저서 『종교적 경험의 다양성』의 4장과 5장에서는 낙관적 성품에 대해서, 6장과 7장에서는 고뇌하는 영혼에 대해서 설명하고 있다. 그는 먼저 한 번 태어난 낙관적 성품에 대해 설명하고, 두 번 태어난 고뇌하는 영혼에 대한 기술로 넘어가면서 두 유형의 발달적 순서를 보여 주었다.

---

19) 회심이란 회심 이전의 중심 의식이 주변으로 물러나고 전혀 예상치 못했던 주변에 있던 의식이 중심으로 자리를 옮기는 의식의 변환 상태다(James, 1990). 소설가 박완서는 자신의 자전적 에세이를 통해 도서관에서 『장 발장』을 읽고 난 후 경험한 의식의 변화에 대해 서술한 바 있다. 『장 발장』을 읽고 도서관에서 나왔을 때, 세상이 『장 발장』을 읽기 전의 세상과 다른 세상으로 느껴졌다고 기록하고 있다. 그녀는 『장 발장』을 읽은 후, 지금까지 알던 도둑은 나쁜 사람이고, 경찰은 좋은 사람이라는 이분법적 사고에서 벗어나 눈에 보이는 것과 세상에 알려진 바가 전부가 아닐 수도 있다는 자각을 했다고 하였다. 이러한 회심 현상은 종교적 발달뿐만 아니라 영적 발달에서 필수적인 현상이다.

James는 회심의 원형을 성인들의 경우에서 더 많이 발견할 수 있다고 주장한 반면, Hall은 회심 현상이 청소년기에 더 많이 발견된다고 주장하였다(김재영, 2010). Hall은 청소년기의 회심이 다른 어떤 특별한 것이 아니라 자라온 좁은 울타리를 넘어서 인류의 보편적 가치인 순수한 사랑에 대한 경험이라고 하였으며, 이를 자신의 좁은 자아를 넘어서는 정신의 태반인 인류의 영혼을 경험하는 것이라고 하였다(김재영, 2010). 그러한 의미에서 청소년기는 영적 깨어남의 시기다(Fowler, 1981; Good & Willoughby, 2008).

영적 발달에 필수적인 것은 무엇인가?

고통

고통은 영적 성장에 꼭 필요한 것이다. 고통을 받은 모든 사람들이 영적 성장을 하는 것은 아니지만, 영적 성장을 이룬 모든 사람들은 반드시 고통을 경험한다. 고통을 경험하고 영적 성장을 이룬 사람들이 James가 언급한 두 번 태어난 고뇌하는 영혼이라고 할 수 있다.

사막 경험

누구에게나 마치 황량한 사막에 혼자 남은 것 같은 순간이 일생에 한 번 이상은 온다. 인간이면 누구나 아무 근심 없이 편안하고 안락했던 에덴동산에서 쫓겨난 듯한 기분을 경험하게 되기 때문에, 이런 감정 역시 일종의 원형적 심성의 한 부분이라고 할 수 있다. 그래서 이런 내쳐짐(rejection)의 모티브가 신화나 전설, 민담, 소설에 반복해서 나타난다. 이런 방황과 절망의 시간들을 분석심리학자들은 밤바다의 여로(night sea journey)라고 표현했다(이나미, 2010). 망망대해에서 혹은 사막에서 아무것도 없이 헤매는 사막 경험, 혹은 밤바다의 여로는 대부분의 성인(聖人, saint)들이 경험한 것이다.

그렇다면 발달을 구성하는 것은 무엇인가? 성스러움(saintliness)은 유형적 관점에서 영적 · 종교적 발달을 설명하고 평가하고 정의하는 데 필요한 이론적인 종결점이자 목적인 셈이다(Oser et al., 2006). 이에 대해서 James는 특정한 개인에 대한 그림이라기보다 이상적인 유형이며, 복합적인 이미지로서 성스러움에 대해 정의하였다. 요약하면 James의 성스러움은 종교적으로, 영적으로 발달하는 것이 무엇을 의미하는지를 정의하기 위한 유형론적 기준이 된다.

James의 성스러움에 대한 개념은 도덕적이기보다는 영적 · 종교적인 것이다. 성스러움을 지닌 사람은 종교적 경험을 한 사람이다. James에게 있어 성스러움을 지닌 사람은 네 가지 특징을 지닌다. 첫째, 초월적이고 이상적인 힘을 무엇이라 규정하든, 종교적 경험[20]을 해 본 사람은 작고 이기적인 삶보다는 그 삶을 포기하고 이상적인 힘을 인식한다. 둘째, 그 이상적인 힘의 요청에 순종하는 삶을 산다. 셋째, 종교적 경험을 하기 이전의 상태와는 달리 무한히 자유스럽고 고양된 듯한 느낌을 갖는다. 넷째, 분열, 부조화, 미움의 감정에서 조화, 일치, 사랑의 감정이 모든 대상과의 관계 속에서 드러난다. 이러한 내면적인 특성은 자기 희생적이고 금욕적인 삶으로 나타나며, 안정되어 있고 세상과 타협하지 않는 영적 순결을 지니고 있으며, 이전에는 상상할 수 없을 정도로 부드러운 인격으로 변화되었기 때문에 주위의 이웃들에 대해 매우 관용적이게 된다.

James의 저서에서 성스러움을 지닌 인간은 영적 · 종교적 발달의 종결점을 정의하는 이상적인 형태다. 분리된 자신이 되는 경험, 구원될 필요가 있는 자기, 아프거나 잃어버린 영혼으로서의 경험

20) James에게 있어 종교적 경험이란 회심 경험으로, 그 경험을 갖기 이전의 상태와는 달리 완전한 삶의 변화를 가져온다. 그 이전에는 느끼지 못했던 행복감, 감사하는 마음, 기쁨, 환희, 순종하는 마음, 희생하는 마음 등을 갖게 된다. 이 경험을 지닌 사람은 외부적 삶의 조건이 악화되어도 내면의 평화를 잃어버리지 않는다.

은 성스러움으로 나아가기 위한 도구일 뿐이다(Oser et al., 2006). 유형적 접근에서 볼 때, James에게 중요한 것은 우리가 영적·종교적 발달을 설명하고 평가하고 정의하게 되는 것이지 누가 실제로 완벽함과 거룩함에 도달했는지가 중요한 것이 아니다(Oser et al., 2006).

James의 연구와 이론은 영성 발달을 유형적으로 접근하기 위해 많이 다루어지고 응용된다. 제임스를 비롯한 Fowler(1981), Oser와 Gmünder(1991) 외에도 Myers와 Briggs의 MBTI 성격 유형(Myers-Briggs Type Indicator)이나 에니어그램도 유형적 측면에서 본 영성 발달의 한 예라고 볼 수 있다. MBTI나 에니어그램은 Jung의 이론에 근거한다.

에니어그램에서는 자기 초월적 인간을 이상적 인간으로 제시한다. 에니어그램은 머리 중심, 장 중심, 가슴 중심의 삼분법으로 성격 유형을 구분한다. 이 세 중심은 각각의 중심에서 양쪽으로 분화된 9가지 유형이 된다. 이 성격들은 세 가지 수준의 발달 단계를 가지며 분열과 통합을 하여 자기 방향성으로 움직이는데, 이 모든 것들은 연속적이고 연결되어 있다(황임란, 2005).

MBTI는 내향과 외향, 감각과 직관, 사고와 감정, 인식과 판단 등 대극적인 4가지 차원의 조합에 따라 16가지 유형으로 나뉜다. 각 유형들은 독립적이며 우열이 없다. 각 유형에는 주 기능과 보조 기능, 3차 기능, 열등 기능이 있는데, 개인의 환경이 갑자기 변화했거나 심리적 문제에 맞닥뜨리면 보조 기능, 3차 기능, 열등 기능 순으로 주 기능을 대신하게 된다고 한다. 가장 비적응적인 경우는 열등 기능이 주 기능을 대리하는 경우다.

에니어그램과 MBTI는 각각 제시하는 이상적 인간으로 성장하도록 돕기 위한 것이다. 에니어그램에서는 개인이 자신의 유형을 자각하고, 자신이 주로 사용하는 고착과 방어기제를 깨달아 현재를 벗어나 발달 수준을 높이고 통합의 방향으로 성격을 성장하게 도와 자아 초월을 실현하도록 돕는다(황임란, 2005). 에니어그램은 교육, 상담 분야에서 이미 많이 활용되고 있으며, 영적 성장의 도구로도 활용되고 있다(이순자, 2003).

MBTI는 개인의 주 기능을 알고 40대까지는 주 기능을 충분히 발달시킨 후, 그 이후에 보조 기능과 3차 기능, 열등 기능을 성장시켜 개별화된 인간이 되도록 돕는 것이다. MBTI에서 제시하는 개별화된 인간은 완전한 하나의 유형에 귀속되지 않고, 각각의 완전한 16개 유형이 되는 것이다. 다시 말하면 MBTI는 이상적 인간으로 개별화된 자아실현인을 제시하며, 인간의 적응과 성장 그리고 자아실현을 돕고자 16가지 심리 유형을 제안한다(황임란, 2005).

이 연구자들 외에도 자아실현을 했다고 여겨지는 사람들에 대해 장기간 연구한 Maslow의 자아실현 모델에서 유형적 접근을 발견할 수 있다. Maslow는 자아실현한 사람들이 현실 지향적이고 자신과 타인을 수용하며, 고독을 즐기고 자율적으로 활동하며 삶에 감사한다는 것을 발견했다. Maslow는 자아실현한 개인은 다른 사람들과의 일체감과 동질감을 경험하는 절정 경험을 가지고 있고, 겸손하고, 초연하며, 유머러스하고 창의적이라고 했다. 이들은 문화적인 신념을 거부할 수 있고, 불완전한 상태를 수용하며, 남을 도우려는 열망을 가지고 있고, 능률적이며, 자발적으로 사회적 문제를 해결하기 위한 시도를 한다고 한다.

더 나아가 Maslow는 완전한 인간이 된다는 것이 무엇인지를 설명하고 이는 영적인 자기실현을 통해 가능하다고 주장하였다. 그는 James와 마찬가지로 영적인 성장은 긍정적이고 아름다운 것에 대한 확인에서 기인하는 것이 아니라 고통스럽고 어려운 자기 직면에서 시작된다는 것을 강조하였다.

제3장

영성 발달 이론

일반적으로 아동의 영적 · 종교적 발달에 관한 이론은 Jean Piaget의 인지 발달 이론에 근거하여 설명되어 왔다. 20세기 후반부터 현재까지 연구 동향을 보면 두 개의 큰 흐름이 있다(Johnson & Boyatzis, 2006). 첫 번째 흐름은 1960년대 이후에 Piaget 이론에 관심이 높아지면서 Piaget 이론의 구조와 방법을 종교적 사고와 판단에까지 적용하여 수행한 연구라고 할 수 있다. Piaget의 인지 발달 이론은 성인의 사고는 성숙한 것이고, 아동의 사고는 미성숙한 것으로 본다. 그리고 아동과 성인의 사고는 질적으로 다르다고 한다. Piaget에 의하면 아동의 인지적 사고는 성인의 그것에 이르기까지 몇 가지 단계를 거쳐야 한다. 이 Piaget의 이론을 종교적 사고와 판단의 발달에 적용한 연구자들은 Goldman, Fowler, Oser와

Gmünder 등이다.

그러나 최근 들어 Piaget식 패러다임을 비판하고, 새로운 대안을 제시하는 연구가 활발히 진행되고 있는데 이것을 두 번째 흐름이라고 할 수 있다. 이들은 아동이라 할지라도 영성에 관한 직관적이고 특정한 영역의 지식이 있음(domain-specific nature of knowledge)을 강조하며, 초자연적인 하느님과 행동의 표상들에 특히 관심을 가진다(Barrett, 2001)고 본다.

이 절에서는 Piaget의 이론을 종교적 사고와 판단의 발달에 적용한 Goldman, Fowler, Oser와 Gmünder, Reich의 이론과 단계 이론 외의 대안 이론으로 영적 아동 운동, 인지 문화 이론, 발달 체계 이론 등을 다룰 것이다. 또한 각 이론에서 파생된 영성 발달에 관한 개념들도 같이 살펴볼 것이다.

1. 단계 이론

인간 발달이 단계적으로 이루어지는지, 그렇지 않은지에 관한 논쟁은 오랫동안 이루어져 왔다. 모두 알다시피 Piaget나 Freud, Erikson 등은 인간 발달을 단계로 구분했다. 반면 행동주의자들은 그렇지 않다.

영성 발달을 단계적으로 파악할 때의 이점은, 첫째 영성 발달을 설명하고 정의하기가 쉬워진다. 또한 영성 발달의 각 단계는 영성의 내용과 기능, 형태를 파악하기 쉽게 한다. 예를 들어, 1장에서 언급한 바와 같이 탄원하는 기도에 관한 내용에서 자기중심적 기도가 신성한 힘이 중심이 되는 기도로 전환해 갈 때, 영성의 내용과 본질을 알 수 있다. 자기중심적 기도에서 신성한 힘이 중심이 되는 기도로 변화해 가는 까닭은 자기중심적 기도가 이루어지지 않았기 때문일 수도 있고, 기도에 관해 인지적인 이해가 넓어졌기 때문이기도 하다. 단계에서 단계로의 이동은 우연히 이루어지는 것도 아니고, 자연적으로 이루어지는 것도 아니며, 성숙을 바탕으로 한 경험과 학습을 통한 적응의 결과다. 마지막으로 영성 발달을 단계적으로 파악할 때의 이점은 그 발달이 특정한 순서를 따르기 때문에 다음 단계를 예측할 수 있게 한다는 것이다. 이러한 예측을 바탕으로 영성 교육의 방향성을 제시할 수 있다.

그러나 단계 이론은 몇 가지 점에서 비판받아 왔다. Piaget는 한 단계에서 다음 단계로의 이동이 자연발생적으로 이루어진다고 보았기 때문에, 각 단계는 모든 개인에게 동일하게 일어난다고 설명하였다. 그러나 이후의 연구자들에 의해 모든 문화권에서 Piaget가 제안한 단계가 나타나는 것은 아니며, 어떤 문화권에서는 형식적 조작기 단계가 나타나지 않음을 밝혔다. 이외에도 이전 단계로의 퇴행이 일어나기도 하고, 같은 문화권이라 하더라도 학습과 경험에 따라 최종적으로 이르는 단계가 개인에 따라 다르다고 비판받았다. Piaget를 비판하는 연구자들은 단계의 이행이 자연적으로 이루어지는 것이 아니라 환경에 대한 적응의 결과라고 주장하였다.

단계 이론에 대한 또 다른 비판점 중 하나는 한 단계라 하더라도 그 안에서 여러 가지 행동 유형이 존재한다는 것이다. 그렇기 때문에 오히려 한 단계의 초기에 일어나는 행동은 같은 단계의 후기에 일어나는 행동보다 이전 단계의 후기에 일어나는 행동과 더 유사하다는 것이다.

또한 단계 이론에서는 한 단계에서 다음 단계로 넘어가는 전이 메커니즘에 대한 설명이 부족하다는 것이다. 예컨대 Piaget는 평형(Equilibrium)을 전이 메커니즘으로 설명하지만 이것만으로는 충분하지 않다는 것이다. 다시 말하면 한 단계에서 다음 단계로 넘어가는 동인이 무엇인가에 대한 충분한 설명이 부족하다는 것이다.

영성 발달 이론가 중 Feldman(1985)은 자신의 이론에 단계 이론을 받아들이면서 다음과 같은 설명을 통해 단계 이론에 대한 비판에 대해 맞섰다. 그는 단계 이론이 문화의 차이나 개인적 차이를 무시하고 모든 문화권에서 모든 개인이 각 단계를 거쳐 간다는 비판을 받아들였다. 그래서 영성 발달 단계 중에서 마지막 단계에 이르는 성인은 극소수라고 하였다.

둘째, 그는 영성 발달의 각 단계를 두 개의 하위 단계로 나눔으로써 다양한 행동 유형을 하나의 단계로 설명할 수 없다는 비판을 극복하고자 하였다. 그에 의하면 첫 번째 하위 단계는 단계를 구성하는 데 필요한 단계이고, 두 번째 단계는 그 단계에 광범위하게 적용하는 데 필요한 단계라는 것이다.

셋째, 기존의 단계 이론에서 전이 메커니즘에 대해 적합한 설명이 부족하다는 비판에 대해 Feldman(1985)은 나름대로 자신의 이론에서 전이 메커니즘을 설정하고자 하였다. 예를 들어, 성숙과 학습은 그가 제안하고자 한 전이 메커니즘의 일부다.

Feldman(1985) 외에도 Goldman, Fowler, Oser와 Gmünder, Elkind 등이 자신들의 영성 발달 이론에 단계 이론을 받아들였다. 특히 Goldman은 Piaget의 이론을 바탕으로 자신의 영성 발달 단계를 설정하였다. 그 외의 다른 영성 발달 이론가들도 대부분 Piaget의 인지 이론을 바탕으로 자신의 영성 발달 이론을 구축하였다.

따라서 이 책에서 논의되는 영성 발달의 단계 이론은 Piaget의 이론을 바탕으로 이루어진 것이다. 재미있는 사실은 Piaget 또한 인간의 영성 혹은 종교성 발달에 관심을 가진 적이 있다는 것이다. 그는 그의 연구 인생 초기에 인간의 영성 발달에 관심을 가진 적이 있다. Piaget는 10대 후반에서 30대 초반까지의 인간이 신을 어떻게 믿는가, 그리고 신에 대한 믿음을 어떻게 객관적으로 유지하는가에 대한 의문을 가지고 있었다(Reich, 2005).

Piaget는 이러한 의문을 해결하기 위해 노력한 결과 모든 것을 초월하는 신과 내재하는 신을 구분하게 되었다. 먼저 모든 것을 초월하는 신은 기존의 교회에서 설명하는 신을 의미한다. 반면에 내재화된 신은 기존의 교회에서 설명하는 보수적인 신학적 의미의 신이 아닌 마음속에 있는 신, 합리성의 규범을 가진 신을 말한다. 이처럼 초월적인 신에서 내재화된 신으로 변화한 Piaget의 신에 대한 관점은 인지적인 측면에서의 변화가 아니라, Piaget 자신의 신앙의 발달이라고 해석할 수 있다.

그 증거로서 그가 1928년과 1929년에 걸쳐 두 번의 컨퍼런스에서 스위스 기독교 학생 연합의 멤버로서 언급한 글을 들 수 있다.

그는 여기에서 내재화된 신은 물리적이거나 심리적인 실제의 근원이 아니며, 그 모양이 어떠하든 도덕적이고 인지적인 의식의 원리라고 언명한 바 있다. 또한 신은 반(半)물리적인 원시적 종교의 신에서 초물리적인 신으로 전이되며, 이 전이 과정은 앞서 언급한 바와 같이 인지적인 현상 안에서 이루어지며 도덕적 · 사회적 과정과 협력한다는 것이다. 그리고 그 과정을 통해 내적인 삶이 자유로워진다고 하였다(Mengal, 1999).

그러나 Piaget는 위에 기술한 자신의 영적 · 종교적 발달에 관한 과학적 검증을 시도하지 않았다.

1) Goldman의 이론

Goldman은 아동의 종교적 사고 발달에 관해 연구하였다. 그의 기념비적인 연구인 『아동기에서 청년기까지의 종교적 사고(Religious thinking from childhood to adolescence)』(1964)는 6~17세까지의 아동과 청소년을 대상으로 질문지와 투사적 방법을 통하여 면접한 결과물이다. 이 책의 주안점은 궁극적으로 종교 교육에 있었다. 그는 Piaget가 그러하였듯이 성인이 아동의 무엇을 알아야 할지 아는 것보다, 아동이 그의 인지 발달 단계에서 획득 가능한 개념이 무엇인지를 아는 것이 교육에서 더 중요하다고 보았다.

그는 Piaget의 단계 이론을 참조하여 아동의 종교적 사고에 대해 설명하였다. 그는 종교적 사고란 비종교적 사고와 다르지 않다고 보았다. 여기에서 종교적 사고란 종교에 대한 사고를 말한다. 예컨대, 책에서 Goldman은 Piaget의 단계 이론을 참조했다. 왜냐하면 Goldman은 종교적 사고란 비종교적 사고 방법과 그렇게 다르지 않다고 생각하였기 때문이다. 다시 말해 그는 종교적 사고란 종교에 대한 사고라고 보았다. 구체적으로 신의 전지전능함, 신이 이룬 기적(홍해의 기적, 떨기나무의 기적 등)에 관한 아동의 사고를 종교적이라고 보았다.

그의 연구 대상은 6~17세까지의 아동과 청소년 200명이었다. 이들은 지능, 종교적 배경, 사회적 배경이 유사한 영국의 기독교 가정 출신이었다. 연구를 하기 위해 그는 세 장의 그림과 세 가지의 이야기를 마련했다. 세 장의 그림은 부모와 함께 교회에 들어가는 아동, 무릎 꿇고 기도하는 아동, 찢어진 성경을 바라보는 아동을 그린 그림이었고, 세 가지의 이야기는 모세와 떨기나무 이야기, 홍해를 건넌 이스라엘 민족에 관한 이야기, 예수가 광야에서 시험을 받은 이야기였다. 그는 이 이야기와 그림들을 가지고 성경, 예수와 신의 개념, 기도의 개념, 교회의 개념과 같은 종교적 개념들에 대해서 아동과 청소년들에게 물어봤다.

그는 아동과 청소년의 그림과 이야기에 대한 대답을 해석하여 종교적 사고를 세 단계로 구분했고, 이를 Piaget의 인지 발달 단계와 짝지웠다.

Piaget	Goldman
전조작기 (2~7세)	직관적인 종교적 사고기(Intuitive or Preoperational Religious Thinking Stage) 이 단계에 속하는 아동은 7~8세다. 이 단계에서는 종교적 사고가 불가능하다. 종교적인 내용은 비체계적, 분절적, 마법적인 방법으로 이해된다. 신은 인간의 모습으로 표상되며, 자주 엉뚱한 결론을 내린다. 예를 들면 "왜 모세는 수풀로 가지 않았을까요?"라는 질문에 "잔디밭에서 떨어져 있으라는 표지가 있어서요."라고 대답한다. 혹은 "모세는 왜 하나님 보는 것을 두려워했나요?"라는 질문에 "하나님의 얼굴이 웃겨서요." 혹은 "목소리가 거칠어서요."라는 엉뚱한 대답을 한다. 그러므로 이 단계의 아동들은 전혀 다른 의미에서 종교적 개념이나 성경적 개념을 이해하고 있다고 볼 수 있다. 따라서 이 시기의 종교 교육은 아동의 지적, 정서적 요구에 초점이 맞추어져야 한다. 또한 사실적, 정서적, 직관적, 예술적 사고와 활동을 통하여 간접적으로 종교 교육을 하는 것이 적합하다. 이 시기는 신의 무한성을 이해하지 못하므로 아동이 이해 못하는 내용을 억지로 강요해서는 안된다. 그리고 종교적 개념을 너무 일찍, 너무 많이 그리고 너무 자주 아동에게 소개하는 것은 오히려 종교적 사고 발달을 저해한다.
구체적 조작기 (7~11세)	구체적인 종교적 사고기(Concrete Religious Thinking Stage) 7~8세에서 13~14세의 아동이 이 단계에 속한다. 이 단계에서는 이전 시기의 마법론적이고 물활론적인 사고의 요소가 사라진다. 구체적 상황에서만 조작 분류가 가능하고 귀납 논리가 사용되는데, 그 범위는 구체적 상황이나 시각적 경험 혹은 감각적 경험에 한정된다. 아직 추상화나 일반화의 능력은 없고 자기중심적 판단의 한계를 벗어나지 못한다. 종교적인 내용은 좀 더 조리 있고 객관적인 방법으로 표상된다. 불타는 수풀은 그 불이 뒤에 있었던 것이지 실제로 불이 난 것은 아니라고 생각한다. 혹은 순환론적 사고를 하기도 한다. 예를 들어 "모세가 서 있던 땅이 왜 거룩하다고 생각하느냐?"라는 질문에 "그곳은 거룩하다고 하니까 거룩해요." "왜?" "하나님이 축복했기 때문이죠." "왜 하나님이 축복하셨을까?" "왜냐하면 거룩하기 때문이죠."라고 대답한다.

	이 시기의 바람직한 종교 교육은 실제적인 경험의 세계를 포함하는 주제를 통해 창조의 광대하고 무한한 세계를 사고할 수 있도록 하는 것이다. 이때부터 성경의 기원이나 배경 등을 객관적으로 소개하는 것이 필요하다.
형식적 조작기 (11~15세)	추상적인 종교적 사고기(Abstract Religious Thinking Stage) 이 단계는 13~14세 이후에 해당한다. 구체적인 요인에 의존하지 않고서도 가설적, 연역적으로 사고를 할 수 있는 단계다. 그러므로 의미 탐구가 가능하며 종교의 추상적 개념에 대한 이해가 가능하다. 종교적인 내용도 가설적이고 연역적인 방법으로 표상된다. 예컨대 "모세가 왜 수풀로 가지 않았을까?"라는 질문에 "실제로 수풀이 불에 탄 것이 아니라 거기 신이 있다는 상징이에요."라고 답한다. 혹은 "모세가 서 있던 땅이 왜 거룩하다고 생각하냐?"는 질문에 "신을 벗으라는 것은 존경의 표시예요. 이는 그 시대의 전통이었어요."라고 대답한다. 이 시기에는 성경에 대한 이성적 비판 연구 방법을 격려하여 그 갈등을 해소하도록 하는 것이 바람직하다. 왜냐하면 자기 주장을 일관성 있게 나타내기 때문에 이들의 의견을 무조건 억제해서는 역효과만 낼 뿐이다. 따라서 Goldman은 제3단계부터 신학과 교육의 접촉이 가능하다고 말한다.

이 표에서 우리는 Goldman이 성숙한 종교적 사고를 아동의 유치하고 미성숙한 종교적 사고보다 우월한 것으로 본 것을 알 수 있다. Goldman에게 있어서 영적으로나 혹은 종교적으로 발달한다는 것은 구체적이고 성경적인 언어에서 상징적이고 은유적인 구조를 가진 종교적 언어로 보는 능력을 갖게 되는 것이다. 그의 이러한 추론을 기초로 Goldman은 종교 교육에서 7세 이전의 아동의 경우 성경적 내용을 성인이 원하는 바와 다르게 잘못 이해하기 때문에 성경을 아동에게 직접적으로 읽어 주어서는 안 된다는 종교

교육적 결론을 이끌어 내었다(Oser et al., 2006).

Goldman의 종교적 사고에 관한 발달 이론은 Piaget가 제시한 단계 발달에 비해서 2~3세 정도 늦다. 그 이유는 종교적인 이야기에 함축된 은유와 추론을 하기 위한 기본적인 인지 발달이 이루어진 후에 종교적 사고의 발달이 이루어지기 때문이다.

또한 어떤 경우에는 인지 능력이 높은 아동이라 할지라도 인지 능력이 낮은 아동보다 종교적 사고가 뒤처지는 경우가 있었다. 이에 대해서 Goldman은 경험의 중요성을 강조했다. 즉, 교회에 나가거나 성경을 읽거나 기도 · 종교에 대한 부모의 태도에 의해 인지 능력이 낮은 아동이라 할지라도 종교적 사고 능력이 더 뛰어날 수 있다는 것이다. 이는 종교성 발달에 관한 부모의 영향력을 보여 준다.

흥미로운 점은 동일한 아동이라 하더라도 이 문제에 대해서는 구체적 조작 수준의 응답을 하면서 다른 문제에서는 직관적 사고에 의한 응답을 하는 경우가 종종 있다는 것이다. 이는 Goldman이 면접할 때 사용한 단어나 관련되는 개념, 이야기에 노출된 여부에 따라 달라진 것으로 판단된다. 이는 아동의 선행 경험의 중요성을 말해 준다.

어쨌거나 Goldman의 구체적이고 실증적인 주장은 아동을 위한 종교 교육에 큰 영향을 미쳤다. Goldman의 연구는 영국의 국공립학교의 종교 교육 교과목 배정과 운영 방식을 결정하는 데 많은 영향을 미쳤다. 즉, 아동의 인지 발달 단계를 고려해서 종교 교육을 해야 한다는 것, 언어나 경험 등을 참조하여 연령에 따른 종교 교육의 내용을 선정해야 한다는 것, 아동의 종교적인 사고와 상상력을 자극할 수 있는 교육 방법의 중요성, 성경적 내용에 대한 판단뿐만 아니라 성경적 삶을 살도록 하기 위한 방법 모색 등이 그것이다.

Goldman의 연구들은 많은 학자들에 의해서 재검증되었다. Peatling(1974)의 선다형 테스트와 '성경 시험에 대한 사고'는 Goldman의 연구를 재검증한 것이다. Elkind(1963)는 Goldman이 실행한 면접법을 보완하여 반(半)비판적인 인터뷰 법을 실시했다. 그 결과 많은 연구자들에 의해 연령이 증가할수록 사고의 구체적인 특성은 좀 더 추상적인 종교적 사고에 의해 대체된다는(Tamminen, 1976) 결론을 내릴 수 있었다.

그러나 Goldman 연구는 여러 가지 점에서 비판받았다. 첫째, 그의 연구가 잘못된 방법으로 이루어졌다(Langdon, 1969; Slee, 1986)는 것이다. 모든 응답자들에게 주어지는 질문이 순서와 난이도 면에서 동일해야 함에도 불구하고, 발달 단계와 관련된 특정한 주제와 부분에 대해서 집중적으로 질문하여 방법적인 면에서 신뢰도를 잃었다는 것이다. 또 다른 예로, 종교적 의미에 대한 질문이 아동이 자연스럽게 생각하는 방식을 끌어내도록 짜인 것이 아니라 여러 개 중의 하나를 선택하도록 했다는 것이다(Murphy, 1978).

둘째, 연구 대상자들의 정서적인 면이나 초월적인 면을 도외시한 채, 종교적 사고의 발달을 다루었다는 점도 비판의 대상이다. 다시 말하면 Goldman의 이론은 너무 인지적인 측면에만 기울어져 있다는 것이다. 특히 Piaget의 인지 발달 이론에 의존하고 있다는 것이다. 심지어 많은 연구자들은 Goldman이 종교성의 발달에 관한 자신의 독자적인 이론을 발전시키기보다 종교적 개념을

Piaget의 인지 이론에 끼워 맞췄다고 비판한다(Oser et al., 2006). Goldman의 이론이 가지는 가장 큰 문제는 그의 이론의 독창성에 관한 것이다. 셋째, 발달 단계를 연령을 기준으로 구분한 것 또한 비판점이다. 거꾸로 말하면 종교적 사고의 변화는 나이에 따라 동일하게 변화하지 않을 수도 있다. 이는 Goldman의 이론뿐만 아니라 단계 이론에 대한 일반적인 비판이기도 하다. 넷째, Goldman의 이론은 면접법을 통하여 언어로만 이루어진 점이다. 다시 말해 언어로만 표현된 응답으로 아동의 종교성 발달을 측정하는 것이 타당한가에 대한 의문을 제기할 수 있다. 특히 6세 아동과 같이 어릴 경우 언어적 표현이 어려웠을 수도 있었을 것이다.

Goldman의 과대 평가된 인지 과정에 대한 반작용으로서, 1980년대의 영적 · 종교적 발달에 관한 첫 번째 경험적 연구는 사회성, 도덕성, 영성, 종교성, 정체성 형성의 측면과 넓은 의미의 신앙을 포함하는 전체성의 측면에서 이루어졌다(Oser et al., 2006). 이것은 바로 Fowler의 신앙 발달 이론이다.

2) Fowler의 이론

Fowler의 신앙 발달 이론의 배경은 Erikson, Piaget, Kohlberg, Sullivan, Stern, Rizzuto, Kagan에게서 찾을 수 있다. 그렇기 때문에 Fowler의 이론적 초점도 광범위하다. 그의 이론은 Erikson의 발달 과업(정체성 형성 포함), 인지 발달, 도덕성 발달, 상징 형성, 사회적 역할 조망, 장 의존성과 독립성을 모두 포함하는 개인의 발달을 고려한다(Oser et al., 2006).

Fowler의 단계 모델은 350명을 대상으로 2시간 동안 면접한 것을 적용한 결과 도출되었다. 이 인터뷰는 신앙 발달 도구를 사용했는데, 이 도구는 연구 대상이 신앙을 가지는 것과 직접적으로 관련된 토론을 지지하거나 이끌어 내기 위해 고안된 것이다. 여기서 신앙이란 Fowler가 정의한 신앙을 의미한다. Fowler는 신앙을 다음의 세 가지 측면에서 정의했다. 첫째, 신앙이란 인간의 보편적인 능력이라는 것이다. 따라서 인간이라면 누구나 신앙을 가질 수 있는 능력을 가지고 태어난다고 본다. 둘째, 신앙은 관계적 성격을 지닌다. 그것은 타인과의 관계이기도 하며, 초월적인 존재와의 관계를 의미한다. 셋째, 그가 정의한 신앙은 능동적인 앎의 형태로서의 신앙이며, 넷째, 상상으로서의 신앙이다.

생각해 볼 문제

신념(belief)과 신앙(faith)의 차이는 무엇인가?

'귀신이 있다고 믿는가(believe)?' '신을 믿는가(believe)?' 우리는 종종 이 두 가지를 잘못 안다. '나는 귀신이 있다고 믿지만(believe), 귀신을 믿지는(faith) 않는다.' 라고 이야기할 수 있다. 혹은 '나는 기독교의 신이 있다고 믿지만(believe), 기독교의 신을 믿지는(faith) 않는다.' 라고도 이야기할 수 있다.

우리는 설사 귀신이 실재한다고 믿더라도(believe), 귀신을 믿지는(faith) 않는다. 기독교 신자로서 신을 믿는다(faith)고 한다면, 그것은 단지 신이 실재하는 것을 믿는 것(believe)에서 더 나아가, 설사 지금은 이해가 가지 않는다 하더라도 신의 섭리를 따르고 거기에 의탁하는 것을 의미한다. 기독교나 불교와 같은 상위의 종교에서 신앙이란 부처나 예수가 역사상 존재한 것을 믿는 것(believe)만이 아니라 그 교리를 따르고 신뢰하는 것을 의미한다.

Fowler(1986)는 신앙이란 인간이면 누구나 소유하고 있는 보편적 관심사로, 그 내용이나 특성에 있어서 항상 종교적이어야 하는 것도 아니며 그렇다고 해서 신앙이 일반적 개념인 신조(belief)의 용어와 연합될 수 있는 것도 아니라고 하였다. 특히 그는 신앙을 관계성 안에서 이해해야 한다고 주장하였다. 그에게 있어 신앙이란 날마다 변화하는 세계 안에서 자아(self)와 타인(other), 자아와 초월자와의 관계 속에서 주고받는 현상으로, 상호 활동적이며 사회적인 것으로 인식하였다.

Fowler는 발달 단계를 7단계로 구분했다. 각각의 단계는 위계적인 특성을 지닌다. 그러나 단계식 모형이라기보다는 나선형 모형으로 파악한다. 나선형 모형과 단계식 모형의 다른 점은 퇴행을 발달에 포함하는 것이다. 퇴행은 자아가 지속적으로 성장하는 과정에서 일시적으로 일어나는 현상이다.

Fowler의 신앙 발달 이론의 또 다른 특성은 환경의 중요성을 강조했다는 점이다. 그에게 있어 발달은 인간의 내적인 조건과 환경 간의 상호작용을 통해 이루어지는 것이다. 따라서 신앙의 발달을 가져올 만한 딜레마가 필요하다. 처음에 이 딜레마는 가정 안에서 시작한다. 가정에서 시작하여 인류 공동체로 나아가는 딜레마의 확장은 Erikson의 발달 이론에 그 뿌리를 둔다. Fowler에게 있어서 신앙의 발달은 일종의 치유다. 치유의 결과로 신앙의 발달이 일어나는 셈이다. 심리적으로 갈등이 많고 치유되지 않은 개인은 신앙의 발달에 어려움을 겪고 낮은 단계에 머무른다. 반대로 심리적인 갈등을 극복하고 치유해 나가는 개인은 발달 단계의 높은 수준에까지 이른다. 따라서 Fowler가 설정한 7단계 중에서 마지막 단계인 보편적 신앙 단계에까지 이르는 사람은 극소수에 불과하다.

Fowler의 신앙 발달 7단계(1981)는 다음과 같다.

① **제0단계: 원초적 신앙**(primal faith, 영아기) 이 단계는 원초적인 신앙 단계다. 아직 신앙이라고 일컫기에는 이른 시기다. 이 시기에는 신앙의 기초가 형성된다.

언어 이전의 신앙은 영아와 양육자 간에 발달하는 신뢰에 의해 정의된다. 또한 애착을 형성하는 대상과의 심리적인 유대감에 의해서도 결정된다. 양육자는 주로 어머니이며, 양육자와 신뢰 관계를 어떻게 형성하는지에 따라 하느님에 대한 이미지가 결정된다.

이 시기에는 신앙에 필요한 감정, 예컨대 신뢰(불신), 희망(절망), 용기(비겁) 등의 기초가 형성된다. 따라서 이 시기의 양육이 무엇보다 중요하다. 가장 중요한 감정은 에릭슨의 이론에서와 같이 기본적인 신뢰감이다. 양육자와 기본적인 신뢰감을 형성하며 관계의 상호성을 형성한다. 만약 이 시기에 관계의 상호성을 형성하지 못한다면 과도한 자기 도취성이나 고립감 등을 형성하기 쉽다.

이 시기는 신앙 발달의 기초를 형성하기도 하지만 무의식의 세계가 형성되는 시기이기도 하다. 이 시기에 형성된 무의식은 훗날 아동의 행동이나 삶의 방식에 큰 영향을 미치기 때문에 신앙 발달에 매우 중요하다.

② **제1단계: 직관적-투사적 신앙**(intuitive-projective faith, 유아기) 이 시기의 신앙은 이 시기의 인지적인 특성과 관련 있다. 이 시기의 아동은 마법론적 사고, 자기중심적 사고를 하며 직관과 감정에 의해 행동한다. Fowler의 연구에서는 대부분의 취학 전 아동이 이 시기에 있었다.

따라서 이 시기에는 부모나 주변 사람들의 언행을 모방하면서 신앙을 형성해 나간다. 그들과 깊은 관계에 있는 성인(위협적이든 보호적이든)들의 분위기, 행동, 이야기 등에 의해 매우 강하면서도 지속적인 영적 영향을 받게 된다.

이 시기에는 절대자를 신인동형론[1]에 의해 이해하며, 이 시기의 도덕성 발달 단계의 특성과 마찬가지로 옳고 그른 것은 권위자의 상벌에 따라 결정된다. 마법론적 사고에 의한 상상과 환상의 시기에 있는 아동은 신앙에 관련된 공포와 파괴적인 이미지를 형성하기 쉬우며, 성인들은 종교적 금기나 도덕적 교리나 기대를 강요하면서 이러한 파괴적인 상상을 악용하기 쉽다. 이를테면 악마나 사탄, 지옥을 강조하면서 이 시기의 아동에게 신앙 교육을 한다면 아

1) 신과 인간이 동일한 형태를 지닌다고 이해하는 것

동은 그에 대해 자신들의 시기에서 갖는 상상을 덧붙여 과도한 공포를 갖게 될 수 있다는 것이다.

그래서 성인은 이 시기의 아동에게 하느님에 대한 좋은 이미지를 형성하도록 도울 필요가 있으며, 좋은 이미지를 떠올릴 수 있는 정서적 측면에 중점을 둔 교육활동, 예를 들면 그림 그리기, 음악 등을 통해 교육을 해야 할 필요가 있다.

③ **제2단계: 신화적-문자적 신앙**(mythic-literal faith, 학령기) 이 시기의 아동은 Piaget의 인지 발달 단계상 구체적 조작기에 속한다. 자기중심성에서 벗어나 타인의 관점에서 조망할 수 있는 능력이 생긴다. 또한 경험에 의해 환상과 실재를 구분할 수 있다. 그러나 신인동형론적 사고의 잔재가 남아 있다. 자신이 속한 사회의 이야기나 신앙을 자신의 힘으로 받아들여 자신의 경험과 결부시켜 이야기를 술회할 수 있는 능력이 생긴다. 그럼에도 불구하고 아직까지 신앙을 문자적으로 해석하며, 상징도 일차원적이고 문자적인 의미로 받아들인다.

이 단계의 신앙 수준에서 효과적인 교육 방법은 설화, 이야기, 드라마, 신화 등을 사용하는 것이 좋다. 또한 공동체에 대한 충성심이 생기는 시기이므로 공동체 구성원으로서의 교육이 필요하다.

Fowler의 연구 대상 중 3/4 이상의 학령기 아동이 신화적-문자적 신앙 단계에 있었다. 성인에게서도 2단계 수준의 신앙이 종종 발견된다. 이는 Fowler의 신앙 발달 단계가 개인의 연령과 관계있다 하더라도 상위 단계로의 전이가 성숙에 의해 저절로 일어나는 것은 아님을 알게 한다.

④ **제3단계: 종합적-인습적 신앙**(synthetic-conventional faith, **청소년기와 성인기**) 이 시기는 신앙의 권위가 자기 밖에 있고, 스스로 신앙적 판단을 하는 것이 아니라 타인의 의견이나 신앙 공동체의 인습을 종합해서 판단한다는 의미에서 종합적-인습적 신앙 단계라고 한다.

이 단계는 청소년기에 해당하는 시기로, 형식적, 조작적 사고가 나타난다. 추상적이고 가상적인 사고가 가능해지므로 신에 대한 관심이 많아진다. 또한 이야기가 가지는 상징적인 의미를 이해할 수 있다. 이를 바탕으로 자신의 신앙이나 도덕성, 정체감을 형성한다.

Kohlberg의 도덕적 판단 단계에서는 타인에 대한 의존 단계에 있다. 이에 근거하여 이 시기에 나타나는 신앙의 특징은 자신이 속해 있는 집단의 인습에 기초하여 삶을 해석하고 의미를 찾는 것이다. 특히 영향력 있는 사람의 기대와 판단에 따르는 경향이 있고, 스스로 독립적인 판단을 하지 못한다. 이 시기는 신앙의 모델을 찾는 시기이며, 이를 모방하는 시기다. 그렇기에 자신의 신앙에 대해 깊이 있는 성찰이나 반성이 부족하여 이를 객관화하지 못한다. 신앙 공동체에 대한 몰입이 심해지며, 그 안에서 봉사도 많이 한다.

이로 인한 위험성은 타인들의 기대와 평가가 지나치게 내면화되어 자율성이 희박해진다는 것이다. 신앙의 권위가 타인에게 있으므로 타인과의 관계나 타인의 신앙 때문에 자신의 신앙이 흔들리는 경우가 많다. 타인을 지나치게 의지한 나머지, 만약에 배신을 당한다면 인간에 대한 불신을 넘어서 절대적 존재에 대한 배신으로까지 이어진다.

Fowler가 면접한 절반 이상의 청소년들이 종합적-인습적 단계에 있음을 보여 주었다. 이 시기의 청소년에게는 신앙적으로 적절한 모델을 제시하는 것이 필요하며, 의심 없이 따르던 가치에 대한 반성과 비판을 하도록 도움으로써 4단계로 이행하도록 자극을 주는 것이 좋다. 이러한 신앙적 교육과 도움이 없다면 많은 사람들이 영구적으로 3단계에 머물 위험이 있다.

⑤ **제4단계: 개별적-반성적 신앙**(individual-reflective faith, **후기 청소년기와 성인기**) 이 단계의 신앙은 20대 초반에서 중반 사이에 이루어지는 것이 가장 이상적이며, 특징은 자주적이고 독립적인 신앙을 갖는 것이다. 신앙의 정체성을 형성하는 시기이며, 신앙의 도약이 이루어지는 시기다. 기존의 종교적 가르침을 비판하고 거부하는 경향을 보이므로 어떤 면에서 이 시기는 '필요악'에 가깝다.

이 시기에는 개인과 공동체, 특수성과 보편성, 상대성과 절대성, 객관성과 주관성 간의 긴장 사이에서 통합을 이루려는 투쟁을 한다. 그 과정에서 자기 나름대로의 신앙을 구축하여 신앙의 자기 정체성을 갖고, 자기 비판적인 반성을 할 수 있는 능력도 갖게 된다.

그러나 이러한 4단계의 특성이 과도하면 지나친 자기 확신과 독선, 자기 도취에 빠질 위험이 있다. 그러므로 이 시기에는 비판만

하는 것이 아니라 개인적인 신앙을 형성할 수 있도록 신앙 체험을 나누거나 비슷한 연령 단계에 있는 공동체 구성원들과 토론할 수 있는 기회를 제공하는 것이 필요하다.

많은 성인들이 30~40대에야 비로소 이 단계에 도달한다고 Fowler는 말한다. 그의 연구에 의하면 30세 이하 연구 대상의 40%가 개별적-반성적 신앙 단계에 있었으며, 18%가 종합적-인습적 신앙 단계에 있었다.

⑥ **제5단계: 결합적 신앙**(conjunctive faith, **평균 연령 약** 30세) 이 단계의 신앙은 보편적으로 도달하기 매우 어려운 성숙한 신앙의 차원이다. 일반적인 성인이 도달할 수 있는 마지막 단계라고 해도 무리가 아니다. Fowler의 연구에 의하면 30대의 성인들 중에서 결합적 신앙은 거의 드물었으며, 40세가 넘어야 조금씩 나타났다.

이 시기에는 흑백 논리를 극복하고, 변증법적 관점에서 사물을 보거나 이해하려는 태도를 갖게 되며, 동시에 사물 사이의 상호 관련성에 관심을 갖는다. 이 단계에서는 역설과 모순 가운데서 진리를 인식하게 되므로 자신의 생각과 경험 속에 정반대되는 것들을 통합시키려고 노력한다. 그래서 타인의 진리를 받아들일 여유가 생긴다. 이 시기에서야 비로소 자신의 가정적 배경, 종교적 배경, 국가적 배경을 넘어서 도덕적으로 헌신할 수 있으며, 다른 종교와 소통할 수도 있다. 그러나 자신의 행복과 자신의 행복을 넘어서 보편화된 신앙으로 나아가려는 동인 사이에서 갈등이 생기기도 한다. 왜냐하면 아무리 성숙해도 현실적일 수밖에 없는 것이 이 시기의 한계이기 때문이다. 이로 인한 이 시기의 위험은 자족감과 냉소주의다.

⑦ **제6단계: 보편화하는 신앙**(universalizing faith, **평균 연령 약 40세**) Fowler는 인류 역사상 소수의 탁월한 인물들, 간디, 마틴 루터 킹 목사, 테레사 수녀 등이 이 단계에 속한다고 보았다. 평범한 사람이 이 단계에 이르는 것은 불가능하다고 보았다.

이 시기에는 절대적 사랑과 정의의 명령을 실천하고, 자아는 현실을 초월적인 존재로 변형시키는 일에 관심을 쏟는다. 이 단계의 신앙은 자신을 위한 것이 아니라 타인을 위한 희생이 가능하다(Oser, 1991). 공동체를 추구하고, 편견과 불의에 맞서 사랑에 바탕을 둔 행동 실천을 한다. 심지어는 순교도 가능하다. 이 시기의 특징은 실천적 사랑이기 때문이다. Fowler의 연구 대상자 중에서 오직 한 사람만 7단계인 보편화된 신앙 단계에 이르는 것으로 나타났다.

Fowler의 원래 연구를 반복하는 실험과 Fowler의 신앙 발달 도구를 사용한 연구들이 있었다. 그 중 몇몇 연구는 비교 문화적인 연구였다. 후속 연구에서의 비판점은 성적으로 편향되어 있다는 것과 4단계에서 자율성을 지나치게 강조한다는 것이었다. 이에 대해 Fowler는 4단계에서 신앙을 특징짓는 관계적 지식을 좀 더 강조하였고, 문화적 편향을 고려하는 연구를 진행했다. 또한 Fowler는 낮은 단계에서 다음 단계로 진행하는 특별한 조건이 필요한지,

그리고 문화적 맥락에서는 어떠한 신앙 발달이 나타나는지에 더 관심을 기울이게 되었다(Oser et al., 2006).

Fowler 연구의 주된 요점은 신앙이 개인의 일평생을 통해 어떻게 성장하고, 어떠한 질적인 변화를 겪으며, 각 성장 단계에는 어떤 구체적인 특성들이 있는지, 각 단계에서의 전이를 이끌어 내는 동인(motivation)이 무엇인지를 살펴보는 것이다. 그에게 있어서 영적, 종교적 발달은 다른 영역의 발달(특히 인지, 도덕성 영역)과 연결되어 있으며, 환경과도 관련되어 있는 전체적인(holistic) 것이다. 이러한 이유로 Fowler의 연구는 특히 종교 상담 분야나 종교 교육 분야에 많은 기여를 하였다.

3) Oser와 Gmünder의 이론

Oser와 Gmünder의 종교적 판단에 관한 연구는 위기의 순간에 경험되는 종교적 갈등에서 신과 인간 간의 관계가 어떻게 변화하는지를 다루는 연구다(Reich, 2003). Goldman의 연구가 성경 속의 일화에 관한 아동의 추론과 판단에 관한 내용, 다시 말해 종교적 내용과 개념에 대한 추론과 판단에 관한 것이었다면, Oser와 Gmünder의 이론은 일반적으로 발생할 수 있는 상황에서 어떤 종교적 판단을 하는지에 관한 연구다.

Oser와 Gmünder의 이론은 아동의 사회과학 지식에 따라 종교적 판단이 어떻게 변화하는지를 다루는 신앙 발달 이론이라 할 수 있다. 이에 비해 Piaget의 발생론적 인식론(genetic epistemology),

Kohlberg의 도덕 발달론(moral development), Goldman의 종교적 사고 발달론은 신과 개인의 영적, 종교적 관계를 중심으로 종교적 사고의 변화 과정이나 종교적 상황에 대한 대처안을 파악하여 영적 · 종교적 발달을 단계화하는 신앙 교육론적 성향을 지니고 있다고 할 수 있다. 그러나 Oser는 삶 속에서 부딪히는 다양하고 불확실한 상황에서 야기되는 딜레마를 통해 종교적 갈등 상황을 다루었다. 즉, Oser와 Gmünder의 연구는 불특정한 상황에 대한 종교적 판단과 추론에 관한 것이다(Oser & Gmünder, 1991).

이 차이는 중요하다. Goldman의 경우 판단과 추론이 문제였고, 종교는 단지 내용에 불과했다. 그러나 Oser와 Gmünder는 종교성이 문제였고, 판단과 추론은 종교성을 이해하기 위한 수단일 뿐이었다(Oser et al., 2006). 따라서 Goldman 연구의 초점은 인지적 측면에 관한 것이고, Oser와 Gmünder는 종교적 영역이 초점이 된다. 여기서 우리는 종교적 판단과 추론이 모체계(mother structure)로 다루어짐을 알 수 있다.

그러나 종교적 판단과 추론이 무언가에 대한 판단과 추론을 구성하기 때문에 종교적 판단과 추론이 무엇에 대한 것인지가 중요하다. Oser와 Gmünder의 경우에는 불확실한 상황에 대한 종교적 판단과 추론을 다룬다. 불확실한 상황은 일차적으로 종교적 판단과 추론을 유발한다. 왜냐하면 누가 혹은 무엇이 이 상황을 통제하며, 궁극적인 존재와 실제에 대한 개인의 관계와 관련된 갈등의 다양성에 관한 의문이 제기되기 때문이다(Oser et al., 2006). 불확실한 상황은 모호하고, 그 모호함은 특별한 종류의 해석을 통해 해결

될 수 있다. 이 경우 Oser와 Gmünder에 의하면 특별한 종류의 해석이란 본질적으로 종교적이거나 영적인 존재로서 자기를 정체화하는 것과 관련된 해석이다.

Oser와 Gmünder의 초점은 개인이 실제적으로 불확실한 상황에 의해 야기되는 갈등에 대해 질적으로 다르게 추론하는 것에 맞추어져 있다. 불확실한 상황은 인간의 삶에서 통제 가능한 것이 아니다(Oser et al., 2006). 그것은 종교성이 시작되도록 자극한다. 더 나아가 그것은 사람들 간의 갈등을 자극하기도 한다. 그 갈등은 정반대로 분화되거나 협동할 필요가 있는 것으로 정의될 수도 있다.

불확실한 상황을 해석할 때, 각 대극점은 몇 가지 문제를 가져온다. 이를 좀 더 구체화하면 Oser는 딜레마를 통하여 종교적 갈등을 유발하게 하는 폴(Paul) 딜레마, 욥(Job) 딜레마,[2] 부당한 고통의 딜레마, 영원한 구원의 딜레마, 죄책감 딜레마, 사랑의 딜레마, 자살 딜레마, 결혼에 대한 딜레마, 우연성의 딜레마[3]를 제시하여 종교적 갈등 상황 속에서 종교적 판단의 양극 요소인 거룩함 대 세속, 초월성 대 내재성, 영원성 대 찰나, 신의 섭리 대 우연, 신뢰 대 불

2) 성경에 나오는 욥의 이야기와 유사하다. 작은 도시에 한 부자가 살았다. 그는 판사로, 직업에서도 성공적이었다. 그는 그리스도인으로서 신앙생활을 하면서 신께 감사하며 생활하였다. 또한 가난한 사람들도 많이 도왔다. 그러나 그가 공정한 사람이었음에도 불구하고 그 도시 사람들 일부가 그를 싫어하여 모든 명성을 잃고, 판사직에서도 물러나야 했다. 그런 그에게 딸이 있었는데, 딸이 몸이 마비되는 병에 걸려 치료도 되지 않았다. 이때 판사의 친구들이 찾아와 하나님(신)이 계신다면 왜 이런 일이 발생하는가를 물으며 더 이상 신을 믿지 말라고 했다. 판사는 이러한 상황에서 어떻게 해야 할까?

신, 희망 대 부조리, 분명함 대 불분명함, 자유 대 의존 등을 통하여 개인이 어떻게 절대자를 경험하고, 그를 통하여 종교적 의미를 생성하며 아울러 삶의 목적이나 방향성 등을 찾기 위해 어떠한 자세를 취하는지에 연구의 초점을 두고 있다(김국환, 2001). 다음의 〈표 3-1〉에서처럼 Oser와 Gmünder는 여덟 가지 대극점의 목록을 만들었다.

● 표 3-1 ● 종교적 판단과 추론을 위해 협동할 만한 대극점

거룩함	세속
초월성	내재성
영원성	찰나
신의 섭리	우연
신뢰	불신
희망	부조리
분명함	불분명함
자유	의존

이 대극점에 대한 Oser와 그의 동료들(2006)의 설명을 요약하면 다음과 같다. 먼저 이들은 대극점이 불확실한 상황을 어떻게 해석하고, 반응할 것인지에 대한 추론을 하기 위해 사용될 수 있다고 하였다. 일반적인 관점에서 발달의 낮은 단계에 있는 사람들은 이 양극점 중의 하나를 선택한다는 것이다. 낮은 단계의 사람들은 전적으로 의존적이거나 전적으로 자유롭다. 혹은 완전히 거

3) 한 가난한 여인이 우연한 기회에 복권을 샀다. 그녀는 1/1,000,000 확률로 1등에 당첨되었다. 그녀는 이 사실을 우연이라 생각하지 않고 신이 주신 축복이라 생각한다. 그러나 그 여인의 자녀들은 우연의 일치라고 한다. 이것은 과연 우연일까, 축복일까?

룩하거나 그렇지 않다. 좀 더 높은 단계로 나아가게 되면 동시에 두 대극점을 고려할 수 있다. 신뢰와 불신, 분명함과 불분명함 등이 동시에 고려된다. 더 나아가 각 대극점은 인생에서 의미를 가지는 것으로 파악되기도 한다. 초월적인 것이 있다면 내재적인 것도 있으며, 이 둘은 동시에 존재한다. 더 높은 단계에서는 한 대극점이 존재하기 위해서 반대쪽 대극점이 필수적인 것을 안다. 예컨대 부조리의 존재는 희망이 존재하기 위한 필수적인 조건이 된다. 자유는 건강한 의존이 존재하기 위해 선행되어야 하는 것이기도 하다.

여덟 가지 대극점에 의한 추론이 정확하게 무엇을 구성하고, 성취하게 하는지에 대해서 Oser와 그의 동료들(2006)은 다음과 같이 응답한다. 먼저 여덟 가지의 대극점은 개인이 신과의 관계를 이해하는 방법과 개인이 궁극적으로 헌신해야 하는 것이 무엇인지 정의하는 것을 도와준다고 하였다. 대극점은 개인이 불확실한 상황에 직면했을 때 자신이 현실과 궁극적인 힘에 대해 얼마나 자유로운지 혹은 의존적인지에 관해 추론할 때 사용된다. 불확실한 상황들은 무엇보다도 통제에 관한 의문을 제기한다. 여기서 주요한 가정은 개인과 절대자의 관계가 개인과 개인을 둘러싼 주변인들의 삶을 더 적합한 방법으로 인도한다는 추론이다.

Oser와 그의 동료들(2006)은 덧붙이기를 덜 발달된 방법이 반드시 덜 적응적이라는 것은 아니라고 하였다. 왜냐하면 적응은 항상 개인과 맥락 간의 합치에 관한 문제이기 때문이다. 아동이 유추하는 방법은 아동의 보호적인 환경과 완벽하게 들어맞아야 할 것이다. 이 이론은 아동에게 악, 비극, 정의롭지 못한 것의 출현에 의해 발생되는 명확한 갈등이 없다 하더라도, 종교적으로 유추하기 위해 적합한 것이다. 그러나 성인이 악이나 비극 등 다른 갈등이나 주제를 고려하지 않고 유추하는 것은 어려운 일이다.

종교적 추론의 발달이 무엇인가 하는 것에 대해서도 Oser와 그의 동료들(2006)은 덧붙이기를 개인이 다양한 맥락과 상황에 좀 더 적응적이 되는 것을 말한다고 하였다. 발달은 단순한 맥락이나 해결하기 쉬운 상황에 대한 경험이 아니다. 나아가 발달은 부정적인 의존, 독단적인 위치, 참기 어려운 행동, 공격적인 종교적 표현을 막기 위해 이루어진 것이다. 발달은 구조적인 발달과 이상적인 종결점(2장에서 언급한 유형적 접근)에 대한 적합성의 측면에서 정의된다. 다른 이론에서 발달은 아마도 특별한 환경에 대한 적응, 내용, 강도의 측면에서 정의된다(2장에서 언급한 심리적 기능의 측면에서).

Oser와 Gmünder의 이론에 관해 명확하게 알기 위해 기본적으로 알아야 하는 것은 첫째, 이 이론의 초점이 불확실한 상황에 대한 것에 있다 하더라도 이 이론이 제안하는 바는 종교적 판단과 추론이 다양한 상황에서 일어나지만 반드시 불확실한 상황에서 일어나는 것은 아니며, 보다 다양한 상황에서 일어난다는 것이다. 둘째, 이론이 종교적 판단이나 추론에 관한 것이라도 각 개인의 영적인 판단이나 추론을 반영하며, 개인과 궁극적인 실재(궁극적 존재자)와의 관계에서 잘 작동하리라는 것이다.

Oser와 Gmünder는 대극점이 어떻게 분화되고 협동하는지, 궁극적인 실재와 개인의 관계가 어떠한지를 통해 종교적 판단의 발달 단계를 설정하였다. Oser에 의하면 종교적 판단은 신앙의 지적인 활동 과정을 의미하는 것으로, 이는 신앙적 9가지 구성 요소(연령의 증가에 따른 의미 부여의 형태, 부정적 상황에 대한 수습(대처 능력), 자유에 대한 이해, 인과관계의 해석, 초월에 대한 인식, 신의 실재에 관한 지각, 종교의 제도화, 카타르시스(catharsis) · 변화 · 회심, 그리고 예배와 종교의식에 관한 인간의 인지적 활동 형태의 변화)에 근거한다. 〈표 3-2〉는 그 단계에 관한 것이다.

● 표 3-2 ● Oser와 Gmünder(1991)의 종교적 판단 단계

제0단계: 미분화 상태(만 8~9세 이전)

이 시기는 종교적 신뢰 이전의 상태로, 아동은 자신들이 어떤 사람이나 특정한 사물에 영향을 미치거나 혹은 그러한 것들이 자신에게 영향을 미치는 것을 인식하지만, 내면성 또는 외부성이 융합된 상태를 이해한다. 이는 이 시기 아동의 인지적 특성 때문이다.

구체적으로 믿음, 용기, 소망 그리고 사랑 등의 근원이 미분화된 방식으로 융합되어 있고, 이 시기의 환경이 어떠냐에 따라 이러한 근원이 잘 발달할 수도 있고, 그렇지 않을 수도 있다. 따라서 이 단계에서 발달되는 상호성의 특성과 믿음, 자율, 소망 그리고 용기 등은 신앙 발달 또는 종교적 판단 발달의 중요한 기초가 된다.

제1단계: 종교적 타율성 지향 단계(8~9세 아동)

이 시기의 아동은 절박한 현실을 해결하기 위해 신에게 의존하는 성향을 지닌다. 이들은 또한 신이 세상에 직접적이면서도 능동적으로 관여하고, 인간은 단지 그에 대하여 반응을 할 뿐이라고 이해한다. 따라서 이 단계에서 신은 인간과는 별개로 존재하며, 인간은 신에 대하여 영향을 미치지 못하는 존재로 이해된다.

제1단계에서 제2단계로의 전이

제1단계에서 제2단계로 전이하는 이유는 아동의 인지 발달에 기인한다. 아동이 인지적으로 발달해 가면서 자연 현상에 대한 과학적 이해가 가능해진다. 예컨대 날씨는 신이 주관하는 것으로 믿고 있던 아동이 기후에 의해서 변화가 발생되는 것을 알게 된다. 이때 아동은 절대적인 신의 존재에 대해 의문을 가지게 되며, 내면적 위기 상황을 겪게 된다. 이는 1단계에서 2단계로의 단계 전이에 의해서 발생되는 발달적 현상이다. 이러한 일이 점차 많아지면서 아동은 신이나 절대자의 절대적 힘에 대해 부정하게 되고, 인간의 행위 또는 신의 행위와 반응에 대한 이해가 시작되어 2단계로 넘어간다.

제2단계: 상호 관계 지향 단계(11, 12세)

이 단계에서 신은 제1단계에서처럼 여전히 외적인 존재이며, 전능한 존재로서 벌을 주거나 상을 내릴 수 있는 존재로 이해된다. 그러나 이 단계에서 신은 외적인 존재이면서도 인간이 어느 정도는 영향을 미칠 수 있는 존재로 이해된다. 즉, 인간이 예방적인 행동을 취할 수 있다는 말이다. 신에게 벌을 받지 않기 위해 인간은 무엇인가를 행할 수 있고, 또 인간이 잘못함으로써 신의 부정적인 행위를 유발할 수도 있다는 것이다. 이 단계에서 신과 인간은 서로 상호작용하는 독립된 자아(self)로 이해된다.

제2단계에서 제3단계로의 전이

제2단계에서 제3단계로의 전이는 아동 인식의 증진과 생활 속의 경험을 바탕으로 일어난다. 구체적으로는 노력에 의해 신을 기쁘게 할 수 있을 것이라고 믿었던 제2단계의 확신이 감소된다. 일례로 욥(Job)이 의롭게 살았음에도 불구하고 고난에 처하게 된 이유나 간절히 기도했음에도 불구하고 기도가 이루어지지 않았을 때와 같이 세상에서 인간과 관련된 일들이 궁극자인 신에 의한 것보다는 인간의 행위에 의해서 발생되는 것임을 인식한다. 이로 인하여 하느님에 대한 의존적인 자세가 점차 줄어들고, 스스로 모든 일들을 해결해 보려는 의식의 전환이 일어나면서 동시에 인간의 책임감이 형성되며 제3단계로 이동해 간다.

제3단계: 자율성과 일방 책임 지향 단계(14~15세 전후)

신은 세계 밖으로 밀려난다. 이 단계에 속하는 청소년은 초월성과 내재성을 분명히 구분한다. 인간은 자율적이 되고, 세계와 세계 안에서의 자신의 삶에 책임을 지는 존재로 이해된다. 이 시기에 속하는 청소년은 인간은 종교와 교회의 권위에 종종 도전하고, 나는 여기 서 있고, 달리 어쩔 수가 없다는 말로 자신의 정체성을 표현하며, 부모나 교사가 이 시기 청소년이 신에 대한 이해에 미치는 영향력은 미미해진다.

제3단계에서 제4단계로의 전이

제3단계에 있는 개인은 모든 책임이 여전히 사람들에게 있지만 신과 인간 사이의 조정된 관계를 바라보는 의식이 생겨나기 시작한다. 예컨대 다시금 초월적인 힘을 인식하기 시작한다. 아무리 노력해도 안 되는 일이 있다는 것을 깨닫기 시작하면서 기존의 제3단계적 인식에서 벗어나 새로운 제4단계적 인식이 시작된다. 즉, 초월적인 힘과 내재적인 힘을 동시에 인식하고, 이 두 가지 기준을 중재하기 위한 새로운 모델을 찾기 시작한다.

그러나 이 전이 과정이 순조롭게 이루어지는 것은 아니다. 두 가지 기준을 중재하는 과정에서 위기가 형성되기도 한다. 그 이유는 인간의 노력이 전부가 아니고 신의 초월적인 힘이 개입한다는 것을 개인이 인정하는 것은 곧 인식의 퇴보라고 느껴지기 때문이다.

제4단계: 조정된 자율성 지향 단계(17~18세 전후)

이 단계에서 신은 내재적 존재로 다시 조정된다. 신은 어떤 가능성의 기초로서 혹은 자아를 위한 하나의 기초로서 존재한다. 이 시기에는 자율성을 더는 묻지 않거나 혹은 의식하면서, 그들의 삶 속에서 자연숭배, 명상, 사회 참여 등 다양한 종교성의 형태를 통해 신을 실재적 존재로 만든다. 자신이 모든 것을 스스로 성취할 수 있다는 생각을 버리고, 궁극적 존재에게 의지한다.

제5단계: 무조건적인 종교성 지향 단계(20~25세 이상)

자아와 궁극적 존재 사이의 관계를 상호 주관적으로 중재된 존재로 인식하는 단계다. 이 시기를 우주성, 절대 종교성의 시기라고도 칭할 수 있다. 이 시기의 인간은 절대적으로 종교적 입장에 서 있으면서 꼭 어떤 종교 단체나 구원의 계획과 같은 개념에 의지하지 않아도 무조건적으로 종교적일 수 있다.

다시 말하면 종교적 판단의 발달이 보다 낮은 단계에서는 대극점과 협력하기 위해 전혀 노력하지 않는다고 Oser와 그의 동료들(2006)은 말한다. 예컨대 희망적으로 느끼거나 그렇지 않거나, 절대자의 의지를 나타내거나 그렇지 않을 뿐 두 대극점이 협력하는데 그다지 노력하지 않는다.

중간 단계에서의 대극점은 좀 더 분화되고, 균형을 맞추거나 협력하는 방법이 없는 반대의 성향을 갖게 된다. 예컨대 중간 단계에서의 개인은 스스로를 자유 의지를 가진 자유로운 존재로 보는 동시에 절대자도 동시에 그렇게 한다고 느낀다고 한다(Oser et al., 2006).

보다 높은 단계에서 대극점은 서로 영향을 미친다. 이를테면 자유는 절대자에 의지한 상태에서 성취된다. 초월은 구체적인 행동을 통해 간접적으로 드러난다. 그래서 내재성과 초월성은 서로 얽혀 있다. 그리고 분명한 것과 불분명한 것은 통합된다. 그것은 고린도전서 13장 12절에 나오는 것처럼 "우리가 희미한 거울을 통해 본다."고 한 것과 같다. 대극점의 관점에서 볼 때 반대되는 것과 갈등을 일으키는 것으로 경험된 본래의 경험은 영적 · 종교적 경험을 정의하는 통합된 이중성으로 경험된다(Oser et al., 2006).

Oser와 Gmünder의 단계 이론은 가설적인 상황에 대한 응답을 묻는 반구조적인 임상적 면접법을 통해 발달, 검증되고 타당화되었다. 이 중에서 가장 잘 알려진 것은 '폴의 딜레마'다. 먼저 연구 대상자에게 막 충돌하는 비행기에 탄 젊은이에 대한 이야기를 들려준다. 그 젊은이는 만약 이 충돌에서 살아남는다면 자신의 약속된 미래를 포기하고 제3세계에 봉사하러 가겠다고 신에게 약속한다. 폴은 살아남았다. 연구 대상자들은 폴에 관한 몇 가지 질문에 대답한다. 폴이 하느님을 향한 약속을 지켜야 하는지, 만약 지키지 않는다면 어떤 일이 벌어질지에 관한 대답이 그것이다.

코딩 매뉴얼은 연구 대상자들이 폴 딜레마나 다른 가설적인 딜레마에 대한 응답을 하도록 되어 있고, 이 응답들은 종교적 판단에 대한 다섯 단계 중 하나에 표시하도록 되어 있으며, 일곱 개의 대극점의 측면에서 평가하도록 되어 있다. 종교적 판단에 대한 다섯 단계는 다음과 같다.

① 1단계: 폴은 그의 약속을 지켜야 해요. 그렇지 않으면 신이 폴의 배를 아프게 할 거예요.
② 2단계: 신은 폴을 도와줬어요. 이제는 폴이 신을 도와줄 차례예요. 혹은 만약 폴이 그 약속을 지키지 않는다면 그는 뭔가를 해야 해요. 그는 벌 받지 않도록 기도해야 해요.
③ 3단계: 신과 관련된 것은 없어요. 폴은 스스로 결정해야 해요. 신이 만약 존재한다면 그건 다른 문제예요.
④ 4단계: 폴이 어떤 결정을 하든 그는 신 안에서 책임감 있게 행동한다는 믿음을 가져야 해요. 왜냐하면 책임감 있게 행동하는 것이 신이 원하는 것이거든요. 그러면 끝까지 좋을 거예요.
⑤ 5단계: 그가 제3세계로 가든 말든 그건 중요하지 않아요. 중요한 것은 폴이 삶을 통해 맞닥뜨리는 많은 도전에 부응하는 보다 더 큰 약속을 지키느냐가 문제지요. 신은 모든 인간의

의사소통에 함께하고, 폴이 정확하게 어디로 가는지는 중요하지 않아요.

어떤 간단한 응답이나 대답도 특별한 단계에 딱 맞는 것은 없다. 단지 연구 대상자가 어느 단계에 위치하는지를 결정하는 일반적인 응답 기준일 뿐이다.

Oser와 Gmünder의 원래 연구와 그에 이어진 일련의 연구 결과는 연령 변화를 기술하기 위해, 개인의 종교적 행동을 이해하기 위해, 경험을 전환하기 위해 종교적 판단과 추론에 단계 모델이 어떤 가치가 있는지 알려 준다(Oser et al., 2006).

Oser와 그의 동료들(2006)의 연구 결과는 후속 연구자들에 의해 성별에 따른 차이는 어떠한지에 대해 검증되었다. 그 결과 청소년기에는 그 차이가 아주 작고, 성인기로 전이되면서 사라지기는 할지라도 소녀들은 소년들의 점수보다 높다(Reich, 1997).

종교적 행동을 이해하기 위해 단계 이론이 유용한 것처럼, 단계 이론은 종교적 공동체에 개입하는 것, 종교적 교재를 해석하는 것, 종교적 신념에 대한 자기 유용성과 같은 개인차를 설명하는 데도 유용하다(Oser et al., 2006). 종교적 공동체에 헌신하는 것은 개인이 1, 2단계에 있을 때이고, 단계가 높아질수록 보다 자유로운 공동체를 선호한다(Zondag & Belzen, 1999). 마지막으로 종교적 공동체와 관련하여 낮은 단계에 있을수록 부모-자녀 관계와 같은 종교적 연합을 원하며, 높은 단계일수록 보다 협동적인 친구와 같은 종교적 관계를 원한다. 종교적 교재를 해석하는 데 있어서 2단계에 있는 사람들은 은유적이거나 상징적으로 이해하는 것이 아니라 문자 그대로 해석한다(Zondag & Belzen, 1999). 예컨대 2단계에 해당하는 사람들은 성경에 나와 있는 기적을 선행에 대한 보답으로 해석하는 경향이 있고, 포도원에서 일한 노동자가 한 시간 일한 대가로 하루치 품삯을 받은 일화를 신께서 선행에 대한 대가를 주신 것으로 해석하였다(Bucher & Reich, 1991).

종교적 신념에 관한 자기 효용성의 측면에서 3단계에 있는 사람들은 더 높은 단계나 더 낮은 단계에 있는 사람들에 비해 자기 효용성이 더 낮다(Rollett & Kager, 1999). 종교적 신념에 관한 자기 효용성은 2단계에 있는 사람들이 가장 강했다. 이는 2단계의 특성과 관련된 듯하다. 이것은 대체로 2단계 성향에서는 개인이 신이나 절대적 존재에 미칠 수 있는 영향을 강조하는 것과 일맥상통한다.

종교적 판단 발달의 유용성과 가치의 측면에서 많은 연구는 단계가 개인이 역경을 어떻게 극복하는지에 영향을 미친다고 제안한다. 일례로 한 연구에서는 종교적 의미에 관한 사고가 발달하는 데는 사회적 의식 수준과 복지가 직접적인 관련이 있다고 한다(Blakeney & Blakeney, 2006). 그러므로 Oser와 Gmünder의 단계 이론은 여러 가지 측면에서 유용하다. 특히 이 이론은 종교적 판단과 추론이 종교적 발달과 어떻게 맞물리는지 이해하는 데 유용하다(Oser et al., 2006).

Fowler(1981)의 이론과 Oser와 Gmünder(1991)의 이론 간의 유사성은 분명하다. 그것은 바로 단계 구조 이론이라는 점이다. 두 이론 모두에서 발달은 특별한 것에서 보편적인 것으로, 타율성에서 자율성으로 나아가는 것이다. 두 이론 모두에서 연령과 단계, 맥락을 유의한 변인으로 보았다. 예컨대 Tamminen(1994)의 비교 연구에서, 성인의 경우 연구 대상자의 대부분은 Oser와 Gmünder의 체계에서는 3단계에 위치하고, Fowler의 단계에서는 4단계에 있었다.

이런 유사성에도 불구하고 두 이론 사이에 몇 가지 차이점이 있다고 Oser와 그의 동료들(2006)은 언급한 바 있다. 이들이 언급한 바에 따르면 첫째, Fowler의 이론에서는 도덕성과 사회성, 자아 정체감의 발달, 사고 유형, 상징에 대한 이해를 포함한 많은 심리적 요소들이 서로 조화롭지 못하다고 한다. 반면 Oser와 Gmünder는 주로 종교적인 문제나 절대자, 신성 앞에서 항상성을 유지하는 책략에 대해서만 집중해 있다고 한다. Fowler는 매우 보편적인 입장에서 신앙을 설명했고(Fernhout, 1986, p. 66) 반대로 Oser와 Gmünder는 인간 자신과 절대자 사이의 관계를 규율하는 상황에서 도덕적 판단을 어떻게 하는지에 대해 논의했다. Fowler는 신의 왕국에 대한 성경의 은유를 사용한 종교 교육의 일반적인 목적에 관심을 가졌고, Oser와 Gmünder는 이러한 목적이 단계의 특질을 결정하는 것은 아니라고 했다. Fowler의 접근은 보다 존재론적인 주제와 인생사에 관련된 질문에 적합한 반면, Oser와 Gmünder의 접근은 인지 구조의 역동성이 어떻게 변화하는지에 대해 이야기한다. Fowler는 종교적 도움을 주기 위해 그의 이론적 초점을 맞추었고, Oser와 Gmünder는 보다 과학적인 이슈(단계를 타당화하는 문제)에 관심을 가졌다.

그들의 접근법은 자신의 역사와 장점, 약점을 내포한다. Oser와 Gmünder의 접근법은 덜 설명적이고, 더 초점이 맞추어져 있지만 더 해석적인 장점을 가지고 있다. Fowler의 접근은 보다 신앙과 관련되어 있고 전체론적인데, 이것은 Fowler 이론의 큰 장점이다. 그러므로 이 접근과 이론들은 종교와 영성 발달을 설명하는 데 보완적인 역할을 한다.

4) Reich의 이론

Oser와 Gmünder의 이론에서는 불확실한 상황에서의 종교적 추론과 판단에 대해 다루었다. 그에 비해 Reich는 좀 더 특별한 추론을 필요로 하는 현상에 대해 다루었다. 그는 자신의 이론을 과학과 종교 · 영성 · 신학의 대화라고 이름 붙였다. 이를테면 어떤 신앙인들이 논리적으로나 과학적으로 생각하는 데 장애가 된다고 느끼는 종교적인 교의나 갈등들이 그것이다. 혹은 반대로 영적으로 혹은 종교적으로 사고하는 데 방해가 된다고 생각되는 과학적이고 논리적인 사실 등을 말한다. 구체적으로 성경에는 하느님이 인간을 창조했다고 나오는데, 학교에서는 과학적 진화론에서 인간이 진화한 존재라고 설명한다. 기독교를 믿는 아동이나 성인은 이러한 괴리를 어떻게 해결할까 하는 의문을 Reich가 다루고자 했던 것이다. 이러한 의문이나 딜레마를 어떻게 추론하고 해결하는지에 관한 내용을 Reich는 RCR(Relational and contextual reasoning: 관계적, 맥락적 추론)이라고 했다.

Reich는 Oser와 Gmünder의 이론을 관계적, 맥락적 추론에 의존하여 개인이 어떻게 종교적 의미를 갖는 모순을 해결하는지에 초점을 맞추었다. 악의 문제(악한 일이나 비극적인 일이 일어날 때 신은 어디에 있었는지)나 천지 창조에 관한 성경적 해석과 과학적 관점이 배치될 때가 바로 Reich가 관계적, 맥락적 추론을 시도하고자 한 종교적 모순이다. 그의 관계적, 맥락적 추론의 바탕에는 다른 단계의 이론과 마찬가지로 Piaget의 이론이 깔려 있다.

관계적, 맥락적 추론은 경쟁적이면서도 동시에 진실한 설명을 포함하는 상황에서 유용하다. 왜냐하면 이런 상황이 양립 가능하거나 불가능한 설명을 범주화하는 논리적 추론을 가능하게 하기 때문이다. 양립 가능하지 않은 것도 맥락에 의존해서 가능해질 수 있기 때문이다(Oser et al., 2006).

그는 개인이 연령과 발달 단계에 따라 이러한 종교적인 모순을 어떻게 해결해 나가는지를 규명해 왔다. Reich(1993)가 설정한 관계적, 맥락적 추론에 따른 아동의 발달은 다음과 같다.

제1단계는 단 하나의 설명만 인식하는 단계다. 창조론과 진화론 중에서 하나만 인식할 수 있다. 제2단계는 하나 또는 그 이상의 설명에 대한 인식이 가능하다. 창조론과 진화론을 동시에 인식하는 단계다. 제3단계(약 11세까지)는 인간이 어떻게 창조되었는지 혹은 진화되었는지를 완전히 이해하기 위해 여러 가지 설명이 필요하다. 예컨대 하나님이 인간을 하루에 창조했다고 하는데, 이때의 하루는 과학적으로 볼 때 지금과 같은 24시간이 아니라고 설명하기도 한다. 제4단계는 각각의 설명 간의 관계가 추론되며, 각 설명이 이바지하는 특별한 상황이 있다. 이를테면 떡 다섯 개와 물고기 두 마리로 오천 명을 먹이신 예수에 대해 설명하면서 예수가 오천 명이 먹은 떡 다섯 개와 물고기 두 마리를 만들어 낸 것이 아니라, 당시 사람들의 마음을 변화시켜서 각각 감추고 있던 먹을거리를 내놓고 나누어 먹게 해서 그렇다고 하는 것이다. 이 설명이 이바지하는 특별한 상황은 사람들로 하여금 서로 나누고 봉사하게 설득하기 위한 상황이다. 제5단계는 각 설명 간의 복잡하면서도 상호적인 관계를 규정하는 이론이 구축되며, 각 설명에 각기 다른 비중을 부여한다. 또 다른 예로 제5단계에서 천지창조에 관한 성경적 설명과 다윈의 진화론에 근거한 과학적 설명이나 성경적 사건을 설명하는 도덕적이고 영적인 해석과 물리적이고 유물론적인 해석이 맥락에 따라 양립 가능해지는 것이다. 생애 전체를 통해서는 제8단계로 구분할 수 있지만, 위에서는 청년기 초기까지의 발달 단계인 제5단계만을 설명했다.

Reich가 설정한 각 단계에 대해 Reich(2003)는 다음과 같이 설명했다. 첫째, 낮은 단계라고 해서 높은 단계에 비해 열등한 것은 아니지만 각 단계는 질적으로 다르다는 것이다. 둘째, 각 단계에서 영적 · 종교적 발달은 독립적으로 일어나는 것이 아니라 신체, 인지, 정서, 사회성 발달과 함께 얽히고설키며 이루어진다는 것이다. 셋째, 가장 높은 단계에 대한 논쟁은 쉽지 않다. 왜냐하면 경험적인 연구가 이루어지기 어렵기 때문이다.

Oser와 Gmünder, Reich의 연구에서 보는 바와 같이 영적 · 종교적 발달을 설명할 때 판단과 추론에 초점을 맞추는 것은 기존의 인지 이론을 일반화하고 영적 · 종교적 발달 이론을 축소시키는 것이 아니다. 이렇게 함으로써 영적 · 종교적 발달의 측정과 설명을 가능하게 하는 것이다. 즉, 단계 이론을 받아들임으로써 아동의 영적 · 종교적 발달을 설명할 수도 있으며, 과학적이고 경험적인 연구를 통하여 측정할 수도 있게 된다.

그러나 이런 이점에도 불구하고 단계 이론은 영적 · 종교적 발달에 있어서뿐만 아니라 인지 발달이나 도덕성 발달, 정신분석적 발달과 같은 다른 측면의 발달을 설명하는 데도 몇 가지 문제점을 가지고 있다. 첫 번째는 단계 이론이 선형적이고 정상적인 발달을 가정한다는 것이다. 선형적이고 정상적인 발달을 가정하는 단계 이론은 보편적으로 시간이 지남에 따라 발달적으로 변화한다고 가정한다. 다시 말해 인간이라면 생래적으로 결정된 발달 단계를 따른다는 것이다. 이러한 비판점에 대해서는 단계 이론가들조차 동의한다. Piaget 또한 후기 연구에서 이미 연령에 따라 가정된 인지 발달 단계에서 일시적인 단계의 퇴행 혹은 후퇴가 있을 수 있음을 논의한 바 있다. 단계의 이행이 선형적이지 않고 일시적인 후퇴를 포함하는 나선형 발달 모형임을 주장하는 것은 영적 · 종교적 발달에서도 마찬가지다. 이를테면 Oser와 Gmünder뿐만 아니라 Fowler도 특히 성인에게 있어서는 영적 · 종교적 발달이 선형적이지 않다고 논의한 바 있다. 개인이 영적 갈등이나 종교적인 갈등을 직면했을 때, 발달 단계의 일시적인 후퇴가 일어나는 것은 언제나 가능하다. 영적 · 종교적 발달이 선형적이며 생래적이라는 가정은 종교적이며 영적으로 되어 가는 개인의 변화와 항상성을 포함하는 전 생애에 걸친 긴 여정을 포착하는 데 실패한다(Wulff, 1993).

그럼에도 불구하고 단계 발달의 선형성에 대한 본질은 영적 · 종교적 발달의 유형을 평가하고 영적 · 종교적 발달을 개념화하는 데 필수적이다. 즉, 선형적 모델은 개념을 정의하고 평가하는 데 필요하며, 연령에 따른 변화는 반드시 선형적일 필요는 없다(Kaplan, 1983).

둘째, 이상에서 논의한 영적 · 종교적 발달 단계는 개인의 인지, 판단, 추론만을 강조한다고 비판받는다. 이론의 강조점이 주로 영적 · 종교적 발달에 관한 인지, 판단, 추론에 있다는 것은 몇 가지 문제점을 함축한다. 첫 번째는 Goldman의 이론, Fowler의 이론, Oser와 Gmünder의 이론, 여기에서는 자세히 언급되지 않았지만 Elkind의 이론 등 영적 · 종교적 발달에 보편적인 인지 발달 구조를 적용하는 다른 여타의 단계 이론들이 인지적인 측면만을 지나치게 강조한다는 것이다.

그러나 단계 구조 이론이 본래 인지적 측면만을 지나치게 강조해 왔던 것은 아니다(Oser et al., 2006). Oser와 Gmünder의 이론뿐만 아니라 Fowler의 이론에서도 각 단계의 특징을 기술하는 데 영적 · 종교적 발달에 관한 인지적 측면만을 강조하지는 않았다. 오히려 영적 · 종교적 발달에 관한 사회적, 정서적 고려점이나 갈등을 포함했다. 예컨대 두 이론에서 영적 · 종교적 발달에서 중요한 것은 논리적으로 사고하는 것이 아니라 다양한 신앙 공동체와 신과 개인 간의 갈등을 조정하는 능력이라고 보았다. 더 나아가 Rest(1983)는 감정 없이 추론을 하는 것은 불가능하기 때문에 인지로부터 정서를 분리시키는 것은 불가능하다고 했다. 마지막으로 Oser와 Fowler 같은 단계론자들은 정서가 한 단계에서 다른 단계로 전이하는 데 있어서 견인차 구실을 한다고 보았다.

셋째, 많은 영적 · 종교적 발달에 관한 단계 이론들이 문화적, 개인적 차를 도외시한다고 비판받는다. 언뜻 보면 대부분의 단계 이론들이 문화적 차이를 간과하고 보편적인 영적 · 종교적 발달에만 관심을 두는 것처럼 보인다. 과학적 연구에서 인간의 보편적인 발달에 초점을 맞추는 것이 적합한 것이라고 해도 문화적 차이에 대한 연구가 이루어져야 한다(Oser et al., 2006). 비근한 예로 단계 이론인 Piaget의 이론에서도 문화적 요인을 고려하지 못했던 것이 이론적 한계였다.

그러면 무엇에 관한 문화적 차이를 다루어야 하는가? 먼저 단계의 내용에 있어서 문화적 차이를 고려해야 한다. 이를테면 각 단계에서 어떤 문제가 발생할 수 있는가에 대한 문화적 차이를 연구할 수도 있다.

넷째, 단계 이론은 특히 가장 높은 단계를 설명함에 있어서 경험적인 논증이 불가능하다. 영적 · 종교적 발달에 관한 대부분의 이론에서 가장 높은 단계는 인류 역사상 극소수의 사람만 도달했다고 가정한다. 따라서 이에 대한 경험적인 논증이 불가능하다. 이러한 희소성으로 인해 가장 높은 단계는 보편적이지 않다고까지 결론 내릴 수 있다.

이상에 기술한 단계 이론의 한계에도 불구하고 단계를 설정하여 영적 · 종교적 발달을 설명하는 것은 영적 · 종교적 발달에 관한 경험적 연구의 방향을 제시하는 중대한 접근법이다.

2. 단계 이론 외의 대안 이론

지금까지 살펴본 아동의 영성 발달 이론은 주로 Piaget의 인지 발달 이론에 근거한 것이었다. Goldman(1664), Fowler(1981), Oser(1991) 등의 영성 발달 이론이 바로 그 예다.

그러나 아동의 영적 · 종교적 발달에 관한 이론들이 지나치게 인지적인 측면에만 초점을 맞추고 있다는 비판이 최근에 대두되고 있다. 이러한 비판을 자세히 살펴보면 다음과 같다. 첫째, 인지적 능력이 충분히 발달되지 않았다면 영성도 충분히 발달되지 않은 것인가? 둘째, 그렇다면 아동기의 영적 · 종교적 경험은 어떻게 설명할 것인가? 셋째, 영성은 인지적 측면뿐만 아니라 감각적, 정서적, 행동적 측면을 포괄하는 것인데, 아동의 영성을 인지적인 측면에서만 파악하는 것은 영성을 지나치게 협소하게 파악하는 것이 아닌가 하는 점이다.

이러한 비판을 바탕으로 1960년대부터 영국을 중심으로 아동의 영성에 관한 연구들이 진행되어 왔다. 이 연구들의 전제는 아동을 성인으로 되어 가는 존재일 뿐 아니라 아동 자체가 영적인 존재라는 것이다. 성경에서 예수는 아이처럼 되지 않고는 천국에 갈 수 없다고 설파하였다. 이는 아동이 고유한 영적 시스템을 가진 존재라는 것이다. 이에 대해서는 다음의 인지-문화 이론에서 더 자세히 설명할 것이다.

또한 아동도 나름대로의 영적 경험을 한다는 것이다. 옥스퍼드의 알리스터 하디 연구 센터(Alister Hardy Research Center)에서 아동의 영적 경험에 대해 연구한 바 있다. 영국의 생물학자인 Hardy가 1969년에 설립한 이 센터에서는 어떤 식으로든 자신 너머의 힘으로부터 영향을 받은 적이 있다고 느꼈던 사람들을 대상으로 연구했다. 이 연구에서는 연구 대상자들에게 영적 경험과 그것이 그들의 삶에 어떤 영향을 끼쳤는지를 물었다. 설문지에는 어린 시절에 관한 어떠한 언급도 없었음에도 불구하고 많은 연구 대상자들이 어린 시절에 영적 · 종교적 경험을 했음을 알 수 있었다. Robinson도 1983년에 출판된 그의 저서 『최초의 비전(The Original Vision)』에서 어린 시절의 영적 경험들에 대해 기술하고 있다. 이후에 이 연구에 대해 보다 상세히 다룰 것이다. Coles(1990)도 아동의 영적 체험에 대한 현상학적 접근을 시도한 결과 아동도 영적 경험이 있음을 발견했다. Tamminen(1976) 또한 아동의 신에 대한 표상이 아버지로부터 형성되는지 혹은 어머니로부터 형성되는지를 연구한 결과 아동이 신에 대한 개념을 형성할 때, 아버지로부터만 영향을 받는 것이 아니라 아동과 가까운 부모, 혹은 아동에게 종교적 경험을 가능케 한 부모로부터 영향을 받는다는 것을 밝혔다. 이외에도 다수의 연구들을 통해 아동기에도 영적 경험과 종교적 자각이 가능함을 알 수 있다. 아동기의 영적 경험에 대해서는 영적 아동 운동에 관한 내용에서 자세히 서술할 것이다.

또한 영성은 개인적인 것이기도 하지만 사회적인 것이기도 하다. 단계 이론은 발달을 규정하기 위해 규범을 가정하는데, 이러한 규범은 문화적 다양성을 고려하지 못한다. 그러나 분명한 것은 영성 발달과 관련된 환경적인 요인이 있음을 부인할 수 없다는 것이다. 따라서 영성 발달에 사회문화적인 체계를 받아들여야 한다는 것이다. 이에 관해서는 발달 체계 이론으로 정리하여 설명할 수 있다.

종합해 보면 단계 이론에 대한 비판은 이에 대한 대안 이론으로서 영적 아동 운동, 인지-문화 이론, 발달 체계 이론을 낳았다. 다음에서는 이 세 가지의 대안 이론에 대해 보다 상세히 기술할 것이다.

1) 영적 아동 운동

Goldman이나 Fowler와 같이 아동의 영성이 단계적으로 일어난다고 본다면, 아동은 영적인 측면에서나 종교적인 측면에서 아직 미숙한 상태에 있다는 것을 전제한다. 그러나 최근 몇 년간 다수의 심리학자와 교육학자가 이러한 점에 대해 비판하며 '영적인 아동' (Hart & Brady, 2005; Hay & Nye, 1998; Reimer & Furrow, 2001)에 대해 연구해 왔다.

이들은 아동도 성인과 같이 영적인 존재이고 나름의 영적 경험을 한다고 본다. 과학적 연구는 아닐지라도 성경[4]에서 새로운 달라

4) 마가복음 10장 15절에서 누구든지 어린아이와 같지 아니하면 하느님 나라에 들어가지 못할 것이라고 하고 있다.

이 라마에 대한 추구를 둘러싼 환생의 믿음(Thurman, 1991)과 부처의 탄생[5]에서 볼 수 있듯이, 신앙의 전통에서는 종종 아동이 영성적인 측면에서 타고난 존재라고 주장한다. 이러한 영성은 '사물 그대로의 방식'을 통찰하는 선천적인 지혜와 능력, 혹은 '환생'으로부터 오는 영성으로 설명된다.

영적 아동 운동의 시초는 1983년에 출판된 Robinson의 『최초의 비전』이다. 그는 이 책에서 아동도 나름대로 종교적인 체험을 하며, 아동기의 종교적 체험은 이후의 종교적 관점을 형성하는 데 기초가 된다고 보았다. 그는 4,000명의 성인에게 자신의 삶이 어떤 초월적인 힘에 의해 영향을 받고 있다고 느꼈던 경험이 있는지를 물었다. 설문에서 아동기의 영적 경험에 대해 특별히 묻지 않았음에도 불구하고 응답자 중 15%에 해당하는 600여 명의 성인들이 자신들의 생애 초기에 있었던 영적 경험을 이야기하고 있음을 발견하였다. 뿐만 아니라 그들은 아동기의 영적 경험이 전 생애에 걸쳐 영향을 미치고 있음을 보고하고 있었다. 예컨대 "내 생애에 가장 깊은 종교적 체험은 4~5세 무렵에 왔다."라든가, "내 전 생애는 6세 때 내게 열린 놀라운 진리 위에 세워졌다." 혹은 "나는 오늘날 내가 하느님을 부를 때 느끼는 영적의 힘을 내가 기억하는 한 아주 어렸을 때부터 늘 느껴 왔다."라고 응답한 것이다.

그는 이러한 대답을 통해 유아기에는 종교적 체험이 불가능하다는 Piaget적 패러다임이 틀릴 수도 있다고 생각했다. 많은 수의 성

5) 부처는 태어나자마자 동서남북으로 여덟 걸음을 걸으며 "천상천하 유아독존"이라고 말했다.

인이 이미 아동기에 종교적 체험을 하였고, 그 체험은 그 사람들이 성인이 될 때까지 세상을 보는 기본적 뿌리인 '원초적 비전'이 된다는 것이다.

이런 영적 아동 운동의 기본적인 전제는 아동의 영성 발달에는 많은 격려와 지원이 필요하다는 것이라 해도, 아동들의 이런 능력은 부모, 교사 혹은 문화에 의해서라기보다는 생래적으로 주어진 것이라는 것이다(Oser et al., 2006). 이러한 영적인 인식에 대한 능력은 어린 나이부터 나타난다(Hart & Brady, 2005; Hay & Nye, 1998). 따라서 영적인 능력은 타고난 능력이며, 두뇌 발달의 산물이다. 요컨대 영적 아동 운동은 하나의 주요한 생각 즉 아동은 그들의 풍부한 종교적, 윤리적, 영적 발달을 위한 기초를 형성하는 (혹은 격려와 지원을 통해 형성되는) 다양한 영적인 경험에 대한 수용력을 가지고 있다는 전제를 받아들이는 것이다(Oser et al., 2006).

또 다른 아동의 영성에 관한 연구로 Coles(1990)의 연구를 들 수 있다. 그는 500명의 아동을 대상으로 인터뷰를 하여 그에 대해 해석한 결과, 아동도 영적인 존재이며, 영적인 삶을 경험하고 있다고 보았다. 그의 아동의 영성에 관한 기본적 관점은 첫째, 아동도 영적인 삶을 산다는 것이다. 종교적 환경에서 자란 아동뿐만 아니라 종교적 환경에서 자라지 않은 아동이라 할지라도 영적인 삶을 산다는 것이다. 이러한 의미에서 아동의 영성은 특정한 종교와 관계없다고 볼 수 있다. Coles(1990)는 이러한 의미에서 영성은 종교와 관계없이 인간의 근본적인 요소라고 결론을 내렸다. 둘째, Coles (1990)는 아동이 부모의 종교로부터 많은 영향을 받기는 하지만,

그 이상의 영적 경험을 하고 있다고 하였다.

Hay와 Nye(1998) 또한 3년에 걸쳐 아동을 관찰하고 인터뷰한 결과, 아동의 영성이 단계적 발달에 따르기보다는 아동기 때부터 나타나는 생래적이면서도 생득적인 것이라고 보았다. 그들은 아동의 영성을 '특별한 의식'이라고 보았다. 이는 인간 의식의 한 측면으로, 관계에 관한 의식이다. 그들이 말하는 관계란 하느님, 인간, 자신과의 관계다. 그들은 관계적 의식을 자각감(awareness sensing),[6] 신비감(mystery sensing),[7] 가치감(value sensing)[8] 등의 세 가지 범주로 제시하였다.

Robinson, Coles, Hay와 Nye 등에 의한 영적 아동 운동에서 공통적으로 주장하는 것은 첫째, 1장에서 언급한 바와 같이 영성은 인간 고유의 핵심적인 특성이라는 것이다. 이들에게 있어서 영성은 지능처럼 인간이 생득적으로 타고나는 요소다. 둘째, 아동의 영성은 Robinson이 언급한 바와 같이 아동의 감각적 경험과 관련되어 있고, 감각 중에서도 특별히 신비의 감각과 같은 특별한 경험과 관련되어 있다고 본다. 이는 1장에서 기술한 바와 같이 Otto(1932)의 누미노제 경험과 관련이 있다. 이는 인간이 느끼는 신비적 체험으로서, 언어적 설명이나 인지적 이해를 넘어서는 경험이다. 셋째,

6) 어떤 것에 대하여 주의를 기울이거나 집중하는 감각을 말한다. 이는 몰두 혹은 집중과 같은 의식을 말한다.

7) 감탄과 경이, 상상과 같은 의식을 일컫는다. 아동은 이러한 의식을 느끼는 감각을 타고났다고 본다. 이러한 의식은 성인보다는 아동에게 더 잘 나타난다.

8) 이 또한 아동의 영적인 감각으로서, 절대적 존재와 연관지어 갖는 의미를 포함한다. 자신의 삶을 절대적인 존재와 결부시키는 능력, 그리하여 설사 실수가 있었다 하더라도 자신의 삶이 궁극적으로 선한 의미를 갖는다는 의식을 의미한다.

영적 아동 운동에서 주장하는 영성은 종교와는 다른 것이다. Robinson, Coles, Hay와 Nye는 공통적으로 영성은 특정한 종교와 관계없이 생물학적인 것이라고 보았다. 종교가 의례적이고 형식적인 것이라면 영성은 인간의 초월성과 신비의 경험이며, 원초적인 의미 추구 능력이다. 마지막으로 영적 아동 운동에서 영성은 생득적이고 생물학적인 것이나 환경이나 후천적인 교육에 의해서 촉진되거나 억제될 수 있는 것이라고 본다. 따라서 아동의 영성은 부모나 학교, 지역 사회에 의해 좌우된다. 이에 관해서는 이 책의 마지막 장에서 자세히 논의할 것이다.

이상에 기술한 연구들은 주로 면접과 그 면접 결과에 대한 연구자의 해석에 기초하므로 엄격한 과학적 기준을 충족하지 못한다. 그러므로 영적 아동 운동과 관련된 연구자들은 어쩔 수 없이 아동의 영성 연구에 대해서 주관적인 결론에 도달할 수밖에 없다.

그러나 영적 아동 운동이 과학적 연구에 기초하고 있지 않다고 해서 영적 아동 운동의 결과물을 무시해서는 안 된다. 이 운동이 거절되거나 무시된다면 실제 현상을 무시하는 것이다. 따라서 주된 질문은 논의되는 현상이 실재하는지 여부가 아니라 그런 현상들을 '영적'이라고 규정할 수 있는가 하는 것이다. 이것은 영적 아동 운동의 지도자들이 사용하는 용어들, 즉 경이, 경외, 지혜, 관계 의식 등과 같은 용어에도 똑같이 적용된다(Oser et al., 2006).

2) 인지-문화 이론

인지-문화 이론(cognitive-cultural theory)은 영성 발달에 영향을 미치는 아동을 둘러싼 문화의 영향력과 중요성에 관한 것이다. 우리는 인지-문화 이론을 통하여 아동과 아동에게 유의미한 영향을 미치는 성인, 그리고 문화의 영향력을 평가할 수 있다. 단계 이론에서처럼 인지 발달에만 관심을 두고 문화적 다양성을 고려하지 못하던 한계를 벗어나고자 한 후기 Piaget 학파와 후기 합리주의자, 인지 심리학 내에서 이루어진 실험 연구에서 인지-문화 이론의 뿌리를 찾을 수 있다.

인지-문화 이론(cf. Johnson & Boyatzis, 2005)은 인간이 가지는 보편적인 인지 능력(예컨대 대상 영속성, 탈중심화)보다는 특수한 인지 능력을 분석함으로써 아동의 인지 발달에 영향을 미치는 유의미한 성인과 문화의 영향력을 파악하고자 했다.

이 이론의 기본적인 전제는 고전적인 Piaget 학파에서 주장하는 바와 같이 아동은 비합리적이고 비논리적인 존재가 아니라는 것이다. 인지-문화 이론에 따르면 아동은 사물을 이해하기 위해 여러 가지 시스템을 사용하는 뛰어난 존재다. 여기에서는 특히 두 개의 시스템을 중점적으로 다룰 것이다.

그 첫 번째 시스템은 모든 사물에 대해 사고하는 기능에 관한 시스템이다. 이것은 아동이 가지는 기본 시스템이다. 이 시스템을 가진 아동은 패턴과 인과관계를 찾기 위해 끊임없이 관찰하고 해석한다. 그들의 인과관계 추론이 비합리적으로 보인다면 그것은 그들의 사고과정이 본질적으로 비합리적이어서라기보다는 그들의 정보와 경험이 부족하기 때문이다.

두 번째 시스템은 아동들의 실제에 대한 추론에 의해서라기보다는 주변의 문화와 신뢰할 수 있는 보호자의 설명에 의해 작동하는 시스템이다. 아동들은 초기에 문화의 종교적 유산을 형성하는 반직관적인 생각과 반직관적인 세계에 노출되며, 아동들이 그런 관념과 세계를 모방하고 그들 자신의 것으로 만드는 데 거의 어려움이 없다(Harris, 2000).

그들이 그렇게 할 수 있는 데는 몇 가지 이유가 있다. 첫 번째로, 그들은 반직관적인 실제에 대해 말해 주는 부모와 교사를 신뢰한다(Harris, 2000). 부모와 교사에게 애착할수록 아동은 빠르게 그들의 설명을 받아들인다. 두 번째로, 종교적 사상들은 반직관적이며 참된 것으로 제시되기 때문에 아동은 그것들을 주의해야 하고 기억해야 할 것으로 안다(Atran & Norenzayan, 2004). 세 번째로, 아동들은 일반적으로는 첫 번째 시스템을 사용하고, 필요할 경우에만 유의미한 성인과 문화적 설명에 의존하는 두 번째 시스템을 사용한다. 즉, 아동은 일종의 이중 시스템을 사용할 수 있는 능력을 지니고 있다.

인지-문화 이론이 아동 영성 발달에 관한 연구와 이해에 기여하는 바는 무엇인가? 그 하나는 단계 이론에서는 고려하지 못했던 아동의 영성 발달에 영향을 미치는 유의미한 성인과 문화의 영향력을 받아들이는 것이다. 그리고 어떤 성인과 문화가 아동의 영성 발달에 효과적인지를 알게 한다. 아동과 잘 애착하여 아동이 신뢰하는 성인에 의한 영적 · 종교적 설명이 아동에게 더 잘 받아들여진다는 것이다. 더불어 아동이 그 집단의 구성원으로서 정체감을 잘 형성하고 있을 때, 문화적으로 받아들여지는 영적 · 종교적 해석을 더 잘 흡수한다는 것이다.

3) 발달 체계 이론

발달 체계 이론은 그 초점을 개인보다는 사회적, 환경적 관계에 두고 있다(Lerner, 2003). 이는 지금까지의 많은 영성 관련 연구들이 개인의 영적 발달에 초점을 둔 나머지, 사회적, 관계적 차원의 중요성을 도외시한 것과 다른 것이다. 발달 체계 이론에서는 가족, 학교, 교회, 지역 사회 등과 같은 생태학적 요인들을 아동 영성 발달의 주요 요인으로 받아들인다. 이것은 발달이 개인에게 국한되어 일어나는 일이 아니라 개인과 그 개인의 여러 발달 체계와의 계속되는 교류 속에서 일어난다는 것을 의미한다.

영성은 개인적인 문제이기도 하지만 공동체적 경험과 현상이기도 하다. 1장에서 언급한 바와 같이 현재 영성 연구의 문제는 지나치게 개인적이다. 발달 체계 이론은 영성을 개인적인 것이라기보다는 공동체적인 맥락에서 파악하는 데에 그 의의가 있다. 영성을 공동체적인 관계 안에서 파악할 때 사회나 문화를 영성 발달의 한 요인으로 받아들일 수 있고, 공동체가 공유하는 신화, 이야기, 실천의 중요성을 강조할 수 있다.

발달 체계 이론에 기초한 연구 중에서 중요한 연구 결과 중 하나는 영성과 종교성의 발달은 개인의 행동을 개선하며 그로 인한 보상을 환경으로부터 받기 때문에 개인의 성장 가능성을 높여 준다는 것이다(Benson, Roehlkepartain, & Rude, 2003; King & Boyatzis, 2004; King & Furrow, 2004; Roehlkepartain, 2006).

Mattis와 Jagers(2001)도 아프리카계 미국인을 대상으로 한 연구에서 가족이나 동료와의 관계가 영성을 발달시키는 데 중요한 역할을 한다는 것을 밝혔다. Regnerus와 Elder의 연구(2003)에서도 교회 공동체에 참여하는 것이 잠재적으로 회복되는 방법이라는 결과를 보여 주었다. 이 연구에서는 청소년에게 위험 요소가 많은 지역사회에서 교회 공동체에 참여하는 것은 '위기에 처한 청소년의 삶에서 회복을 촉진하는' 보호 기능을 한다는 것을 보여 준다. 구체적으로 청소년이 교회에 다니는 것과 학교에 가는 것이 긍정적인 상관이 있다는 연구 결과를 보여 주었다. 즉, 위기에 처한 청소년에 대한 연구에서 청소년을 교회에 정기적으로 참석하게 하는 것은 청소년으로 하여금 성공적인 학교생활에 긍정적인 영향을 미치는 가치를 기르게 하고, 규칙적이고 긍정적인 일상생활 습관을 형성하게 한다는 것을 알려 준다. 이와 같은 연구는 특히 위기에 처한 청소년을 돕는 방법을 제시하기 때문에 중요하다.

그러나 이상의 연구들을 과연 영적 · 종교적 발달에 대한 연구라고 할 수 있을까? 아니면 단순히 긍정심리학의 일부분일까? 이런 연구들은 신앙이 특별하고 중요한 변수라는 것은 인정하지만 신앙이 어떻게 발달하는지에 대해서는 설명하지 않는다. 그런 과학적 연구들에서는 신앙과 신앙의 발달을 기술하고 설명하지 않기 때문에 후자라고 말할 수 있을 것이다(Oser et al., 2006). 유성경과 심혜원(2002)의 연구에서도 탄력적인 청소년들의 심리적 보호 요인으로 영성이 의미 있는 요인이라는 결과가 도출되었지만, 이 영성이 어떠한 발달 단계에 있는지 등은 언급하지 않고 있다. 그리고 그 안에는 영성이 어떻게 발달하는지에 대한 설명이 없고, 개인의 영적 및 종교적 발달을 규정하고 설명하는 내면적인 작업이 빠져 있다.

그러나 이러한 발달 체계 이론에서의 아동 영성에 관한 연구가 단순히 긍정심리학의 한 부분으로 머무를지 아니면 후속 연구로서 개인의 영성이 환경적 맥락에서 어떻게 발달해 가는지를 고찰함으로써 영적 · 종교적 발달에 관한 연구로 자리매김할지는 더 지켜볼 일이다.

3. 영적 개념 발달

영적 · 종교적 개념에 대한 연구들을 검토할 때 어떤 것이 영적 · 종교적 개념이고, 그렇지 않은지를 명확하게 구분하는 것은 불가능하다. 신과 같은 초자연적인 존재는 확실히 영적 개념이라고 볼 수 있지만, 가족을 영적 개념으로 보기엔 어려움이 있다. 그러나 그러한 개념들을 경험하는 환경을 함께 고려할 때, 일반적인 개념도 영적 · 종교적 개념이 되는 경우가 있다. 이를테면 표면적으로 볼 때는, '일'과 '가족'이라는 개념은 영적이거나 종교적 의미를 지니고 있지 않은 것처럼 보일 수 있다. 그러나 쉐이커 교도[9]의

9) 쉐이커 교도는 엄격한 금욕 생활을 하며, 재산을 공동 소유한다. 이들은 공동체 안에서 같이 노동을 하고, 그에 대한 소득도 동일하게 분배한다.

'신성한 노동' 이나 몰몬 교도[10]의 '영원한 가족' 에 대한 언급처럼 일반적인 개념이 특정한 상황에 놓일 때는 그 의미가 수정되어 종교적 혹은 영적 의미를 취하게 된다.

이 절에서는 초자연적인 존재나 기도, 종교 제도, 죽음과 같이 일반적으로 영성과 관련이 있다고 판단되는 개념이 아동의 연령에 따라 어떻게 변화, 발달되어 가는지에 대해 고찰하고자 한다.

1) 초자연적인 존재에 대한 개념

초자연적인 존재에 관한 개념 중 지금까지 가장 많이 연구된 영적 개념은 신에 대한 개념이다. Piaget는 아동의 인지적인 이해력에 따라 신에 대한 개념 형성이 결정된다고 보았다. 그는 아동들이 형식적 조작기에 도달하기 전에는 추상적인 하느님의 개념을 다룰 능력이 없다고 보았다.

이에 관한 과학적 연구 중 가장 오래된 연구는 Harms(1944)의 연구다. 4,800개 이상의 그림과 대화를 기초로 하여 연구 결과를 도출해 내고자 하였다. 구체적으로 신이라는 단어를 들을 때 그들의 마음에 떠오르는 그림이 무엇인지 묻는 것이었다. 아동에게 신에 대한 그림을 그리게 하고, 신에게 편지를 쓰게 하는 등 비교적 조직

10) 몰몬교는 미국에서 발생한 종파로, 요셉 스미스 2세가 종교적 환상을 보고 창설했다. 이 종파에서는 1995년 '가족: 세상에 전하는 선언문' 을 통하여 가정을 중요시함을 밝히고 있다. 이들에게 가정은 사회와 국가의 가장 중요한 기본이며, 가정은 지상의 천국이라고 본다.

적이지 않은 개방된 질문을 함으로써 아동에게서 신에 대한 개념을 끌어내었다. Harms(1944)가 그림 그리기 방법을 사용한 이유는 아동의 언어가 제한되어 있기 때문에 언어를 사용하여 신의 개념에 대해 제대로 묘사하기 어렵다고 보았기 때문이다.

그 결과 Harms(1944)는 대부분의 3~6세의 유아들은 신에 대해 요정 같은 그림을 만들어 낸다는 것을 발견했다. 그보다 연령이 높은 많은 아동들은 인간과 같은 모습으로 신을 묘사했다. Harms (1944)의 연구에서 유아는 대개 신을 친밀하게 미소 짓는 노인으로 그리고 있었고, 종종 수염을 기르고 있었으며, 땅보다 높은 하늘나라에 살고 있는 것으로 묘사하는 것이 반복적으로 나타났다. 청소년들만이 추상적이고 상징적인 개념을 가지고 있었다.

수많은 연구(Goldman, 1964; Heller, 1986; Nye & Carlson, 1984; Pitts, 1976; Pnevmatikos, 2002)는 Harms(1944)가 설명한 경향을 확인시켜 주었다. Pitts(1976)도 Harms(1944)와 마찬가지로 그림을 가지고 신의 개념을 연구하였다. 그가 Harms(1944)와 달랐던 점은 그림에 대해 투사적 인터뷰를 했다는 것이다. 연구 대상자는 다양한 종교 집단을 가진 6~10세까지의 아동이었다. 연구 결과 아동의 신에 대한 개념은 종교에 따라 차이가 없었으며, 부모의 종교와도 차이가 없었다. 연령이 증가할수록 신에 대한 그림의 개념화가 뚜렷해지고 있었다.

그러나 유아가 초자연적인 존재를 인간과 유사한 모습으로 파악하는 것은 그리는 방법에만 해당되는 것이 아닐 수 있다. 왜냐하면 신의 개념을 그리는 것 외에 다른 연구 방법을 사용한 연구에서도 비슷한 결과를 보였기 때문이다. 이를테면 면접법을 사용한 많은 연구에서도 어린 아동일수록 신이 인간과 유사한 모습을 가지고 있다고 대답한다는 것을 확인했다(Barnes, 1892). Deconchy(1967)는 단어 연상법을 사용하여 프랑스 아동들의 신에 대한 이미지를 분류했다. 그 결과 아동은 최대 11세가 될 때까지 신에 대해 인간 형상의 이미지를 가지고 있는 반면, 청소년들은 신에 대해 추상적이고 막연한 이미지를 가지고 있다는 것을 발견했다. Hyde(1990)도 그림을 그리는 것 이외의 방법을 사용하여 청소년의 신에 대한 이미지를 연구했다. 그는 아동이 정기적으로 교회 예배에 참석할 경우에는 인간화된 이미지를 버리는 시기가 연기된다는 것을 발견했다.

Vianello(1988)도 3~14세까지의 아동에게서 신에 대한 개념 발달을 연구했다. 이 연구는 10,000여 명의 이탈리아 아동을 대상으로 한 설문지, 개인 면담 및 다양한 보조 자료를 분석한 연구였다. 그 결과 아동기에는 신을 인간과 동일한 형태로 이해하는 신인동형론에 입각해 있었다. 이 연구에서 연령에 따른 변화를 살펴보면 6~7세 아동은 신을 거인, 마법사로 인식하고 있는 반면에 8세경부터 영으로서의 신을 이해하기 시작하여 11세 정도에는 많은 아동이 신을 영적인 존재로 이해한다고 보고하였다. 종합하여 볼 때 Vianello(1988)의 연구에서는 초인(superman)으로서의 신, 창조자로서의 신(creator), 마법사로서의 신, 부모로서의 신으로 아동들이 지각하는 신의 이미지가 유형화되었다.

Goldman(1964)도 10~11세경의 아동은 신의 개념을 신인동형으로 이해한다고 하였다. 신인동형은 외부의 신체적인 인간의 특성 혹은 넓은 의미에서 친절, 부드러움, 도움과 같은 인간의 심리적인 특성을 신의 속성으로 여기는 것이다. 즉, 신은 큰 인간이며 다른 인간보다 더 능력이 있지만 근본적으로 인간 이상은 아니라고 여기는 것이다. 그는 아동이 신은 특별한 속성을 가지고 있다고 생각할 때도 그들은 여전히 신인동형으로 신을 생각한다고 보았다. 신은 전지전능하나 여전히 하늘에 살고, 인간의 육체적인 특성을 가진 한 인간으로 상상할 뿐이라는 것이다.

이 일련의 연구에서, 비록 다양한 종교가 다른 말로 표현되기는 하지만 신에 대한 아동의 개념은 인간과 같은 구체적인 개념에서 상징적이고 추상적인 개념으로 변화하는 경향이 동일하게 나타났다. 그러나 각 종교별로 그 개념이 변화하는 속도에서 차이가 있었다. 예컨대 Pitts(1976)는 몰몬교의 아동들은 평균보다 오랫동안 신에 대해 인간화된 개념을 보유하고 있는 반면, 유대교 아동들은 그 반대라는 것을 발견했다. 이러한 연구 결과는 국내 연구에서도 마찬가지로 나타난다. 이종희(1986)는 Goldman의 연구에 입각해서 5~18세까지의 기독교 가정 아동을 대상으로 신에 대한 개념을 조사하였다. 그 결과 각 영역에서 조금씩 다르기는 하지만 직관적 이해에서 구체적 이해로, 구체적 이해에서 추상적 이해로 변화하고 있음을 알 수 있었다.

요약하면, 단계 이론에서는 아동의 영적 개념을 다음과 같은 입장에서 본다. 첫째, 신과 같은 초자연적 존재에 대한 개념은 아동의 연령이 증가함에 따라 구체적인 개념에서 상징적이고 추상적인 개념으로 옮겨간다. 둘째, 초자연적인 존재와 기도에 대해서 아동은 연령이 증가함에 따라 마술적이고 자기중심적인 상상적 사고에서 점차 합리적인 사고와 탈중심적인 사고로 옮겨간다.

그러면 단계 이론 외의 대안 이론 중 하나인 인지-문화 이론에서도 단계 이론이 주장하는 것처럼 아동들은 신과 같은 초자연적 존재를 인간과 비슷하게 생각할까? 혹은 단계 이론에서 주장하는 것처럼 초자연적인 존재에 대한 아동의 개념은 성인의 개념과 본질적으로 다른가?

첫 번째 질문에 대한 답을 얻기 위해서 먼저 아동들에게 인간과 같은 보통의 존재에 대해 어떻게 생각하는지를 질문한 연구가 있다. Wimmer와 Perner(1983)의 연구는 5세 정도의 아동도 사람들이 자신이 가진 정보를 가질 때 다르게 사고할 수 있음을 안다는 것을 보여 준다. 예컨대 시리얼 상자에서 돌을 발견한 5세 아동은 처음으로 그 상자를 발견한 성인이 상자 안에 돌이 아니라 시리얼만 있다고 생각할 것이라고 예측했다.

그러나 신도 박스에 시리얼이 들어 있다고 생각할 것인지 물었을 때, 대부분의 5세 아동은 "아니다."라고 대답했다. 즉, 아동일지라도 신의 능력은 인간의 능력과는 다르다는 것, 즉 신이 초자연적인 능력을 가지고 있다는 것을 이해하고 있었다. 요컨대 신에 관한 개념에서 아동은 단계 이론에서 주장하는 것처럼 그렇게 인간화된 개념, 즉 신을 인간과 동일시하는 개념을 가지고 있지 않다는 것이다. 오히려 아동들은 인간과 신을 분명하게 구별했다. 이것은 기독교의 신 이외에 크리슈나파나신, 조상신과 같은 초자연적, 여타의 종교적 신의 존재를 믿는 문화와 신앙 전통에서 자란 아동들도 역시 마찬가지였다.

아동과 성인이 신에 대해서 어떻게 다르게 개념을 형성하는지에 관한 두 번째 질문을 통해서 아동뿐만 아니라 성인도 신에 대해 인간화된 개념을 가지고 있다는 것을 밝혀냈다. 이와 관련하여 가장 많이 인용되는 것은 Barrett와 Keil(1996)의 연구다. Barrett와 Keil(1996)은 신의 특성에 대해 직접적으로 질문했을 때, 성인 대상의 피실험자들은 신학적으로 정확한 대답을 하고, 신을 인간과 같은 모습으로 규정하는 것을 피한다는 것을 발견했다. 그러나 신과 관련된 이야기를 해 달라고 부탁할 때는 동일한 피실험자가 신이 알아차리지 못했다거나 알아차리지 못해서 어떤 행동을 했다는 등, 신을 인간적인 모습으로 그려 이야기를 추가하거나 왜곡되게 이야기하는 것을 발견했다. 즉, 성인 대상의 피실험자들도 아동과 마찬가지로 매우 인간적인 방식으로 행동하는 신에 대해 이야기했다. Barrett과 Keil(1996) 또한 아동과 마찬가지로 성인도 보통의 사람들이 신에 대한 그들의 직관적인 이해와 비직관적인 이해를 결합시켜 신에 대한 개념을 발달시키고 유지하고 있다고 결론 내렸다. 다른 종교적, 초자연적 존재(신령, 조상신)에 대해서도 역시 동일하게 직관적인 개념과 비직관적인 개념이 결합되어 나타났다.

이와 같이 신과 같은 초월적인 존재에 대한 아동의 개념은 단계 이론과 대안 이론에 근거한 연구에서 각기 다르게 나타난다. 그러나 어느 한쪽만이 옳고, 다른 한쪽은 틀렸다고 하기엔 각각의 연구들이 과학적 근거를 가지고 있다. 이 두 가지 접근법은 서로 모순된 것이 아니며 오히려 통합될 가능성도 있다. 앞으로 이러한 통합 가능성을 염두에 두고 두 이론을 상호 보완하는 후속 연구가 이루어져야 한다.

2) 종교 제도에 대한 개념

종교에 관련된 사람들뿐만 아니라 과학적 연구자들도 아동이 종교 제도와 예배에 대해 어떻게 생각하는지 알고 싶어 한다. Elkind (1963)는 이에 관한 연구를 했다. 유대교, 천주교, 개신교 아동들에게 그들의 종파와 종교 공동체를 어떻게 인식하고 있는지에 대해 물었다. 질문은 "집에 있는 고양이는 어떤 종교를 가지고 있을까?" "또 어떤 경우에 교인이라고 판단할 수 있을까?" 하는 것이었다. 연구 결과 7세까지의 아동들은 집에서 기르는 고양이 역시 자신과 같은 종교를 가진 존재로 파악하고 있었다. 또한 9세까지의 아동들은 교인이란 교회나 회당에 가는 것과 같이 분명하고 구체적인 행동을 하는 사람들이라고 생각했다. 10세 정도쯤 되어야 믿음과 이데올로기를 구분해서 말할 수 있고, 종교에 관한 추상적인 구분이 가능했다.

Elkind(1963)의 연구 결과는 단계 이론을 지지한다. 대안 이론에서 종교 제도에 관한 아동의 개념을 조사한 연구는 아직 없다.

3) 기도에 대한 개념

종교 심리학자인 William James는 기도가 하느님과의 교감 혹은 일종의 내적 대화이고, 그런 의미에서 종교에 있어 본질이며 핵심이라고 하였다. 기도의 다양성과 보편성을 생각하면 종교 심리학의 초기부터 기도의 발달 단계를 연구했다는 것이 당연한 일일지도 모른다(Brown, 1967; Grom, 1998; Hyde, 1990). 초기의 연구는 Pratt(1910)으로부터 시작되었는데, 그는 기도가 원초적이고 자연발생적인 탄원에서부터 보다 의식적인 형태로 발전한다고 설명했다. 이외에도 어린이의 기도 개념에 대해서 Long, Elkind와 Spilka(1967)와 Tamminen(1976) 등이 각각 다른 연구 방법으로 연구하였다.

Goldman(1964, pp. 177~193)은 기도에 대한 믿음을 주제로 정해 6~16세의 아동을 대상으로 기도의 내용과 효과에 대한 조사를 하였다. 연구 대상의 아동들은 기도의 효과에 대해서 긍정적으로 답했다. 이 연구에 Goldman은 기도에 대한 개념의 발달을 세 단계로 구분했다. 첫 번째 단계는 보통 9세까지의 단계로서, 아동은 기도를 마법과 같은 것으로 여긴다. 그보다 더 어린 아동들은 신이 실제로 기도를 들으시며, 기도하는 사람이 '올바르게' 기도하고 착한 사람이라면 요청이 이루어지도록 강제한다고 믿는다. 두 번째 단계는 반(半)마술적 단계다. 아동들은 기도의 영향이 기도의 내용에 달려 있다고 믿는다. 만일 기도가 오직 물질적이고 이기적인 소원만을 내용으로 한다면 그 기도는 이루어지지 않을 가능성이 많다고 생각한다. 중재자를 통해 기도가 응답되며, 기도 외에 다른 요인도 사건에 영향을 미친다고 생각한다. 세 번째 단계는 비마술적 혹은 이성적 개념 단계다. 청소년들의 기도에 대한 개념은 계속 발달하여 기도를 신앙의 표현으로 생각하며, 정신적이고 영적이며 자조적(self-help)인 것으로 생각한다.

Elkind(1963)는 5~12세까지의 남녀 아동 1,600명을 대상으로 종교적 이해와 경험, 특히 기도의 개념에 대해 연구했다. 연구 결과 5~7세까지의 아동들은 기도에 대하여 모호하고 불분명한 개념을 가지며, 성인과 같은 방식으로 기도의 의미에 대해 이해하지 못했다. 이들은 기도가 스스로 하늘로 떠오르고 날아간다고 생각하는 마술적인 사고를 했다. 7~9세까지의 아동들은 기도를 구체적인 것으로 생각하였는데, 특히 그들은 기도를 말로 신께 요구하는 것으로 여겼다. 이들은 전달자나 중개자를 통해 기도가 절대자에게 전달된다고 생각하였다. 9~10세까지의 아동들은 기도를 하나님과 대화하는 것이며, 무엇인가를 요구하는 것은 이차적인 것으로 생각했다. 또한 기도가 믿음과 관계가 있다는 것을 인정하였다. 다른 연구에서도 마술사가 주문을 외우는 듯한 행동으로부터 영적인 대화로 발전하는 기도의 발달 경향을 확인했다. Brown과 그의 동료들(1994)도 기도의 마술적인 영향에 대한 믿음은 연령이 증가할수록 줄어든다는 것을 발견했다.

Rosenberg(1990)는 5~15세까지의 아동을 대상으로 통곡의 벽에서 기도하는 어린아이의 사진을 보여 주며 "왜 기도할까?" "응답되려면 어떻게 해야 할까?" 등의 질문을 했다. 그가 연구한 기도의 측면은 어떻게(예컨대 기도하는 사람의 신체적 자세), 무엇에 대해(기도의 내용), 누구에게(기도의 대상), 그리고 기도의 반성과 주관적 측면이었다. 그의 연구(1990)에서 아동과 청소년에게 기도하는 사람의 그림을 보여 주고, 그 그림을 볼 때 자연스럽게 연상되는 것이 무엇인지를 물었다.

연구 결과는 나이가 들수록 '어떻게'가 덜 중요해진다는 것이었다. 5~7세까지의 아동들은 머리에 손을 얹고 기도하는 등 기도의 외적인 요소를 중요하게 여겼으며, 좋은 내용의 기도를 많이 할수록 응답을 많이 받는다고 하였다. 8세 아동들은 신을 믿고 경외하기 때문에 기도한다고 하였고, 기도가 응답되기 위해서는 기도의 내용이 중요하다고 하였다. 9~12세까지의 아동들은 지역 사회와 인류를 위하여 기도했으며, 기도의 내용이 기도의 효력에 영향을 미친다고 생각했다. 13~15세까지의 아동들은 기도 자체를 가치 있게 여기며, 기도하는 사람에게 여러 면으로 영향을 미친다고 하였다. 종교를 가진 청소년은 기도를 대화라고 하였다.

Scarlett와 Perriello(1991)는 청소년의 기도와 기도의 발달에 대한 연구에서 피실험자에게 기도를 필요로 하는 가상의 상황(예컨대 죽어 가는 친구를 위한 기도)에 대해 기도하도록 했다. 연구 결과, 연령이 증가할수록 청소년들은 아픈 친구를 치료해 달라는 등, 신이 직접적으로 개입하여 극적인 변화를 일으키기를 요청하는 기도는 줄어들고, 신에게 심리적 지지와 인도를 더 많이 구했다. 또한 연령이 증가할수록 청소년들은 '신께 이야기하는 것'으로부터 '신과 이야기하는 것'으로 바뀌어 갔다. 다시 말하면 기도가 신에게 단순히 요청하는 것이 아니라, 신에게 감정, 질문, 의심을 털어놓는 것으로 변해 간 것이다.

Tamminen(1976)은 핀란드의 루터교 가정 출신의 7~16세까지의 아동 3,000명을 대상으로 기도에 관한 이해 형태가 연령에 따라 어떻게 변화하는지를 알아보았다. 먼저 문제 상황을 들려준 뒤 미리 준비된 답변을 선택하도록 했다. 문제 상황은 한 소년이 형과 배를 타려고 했는데, 아버지가 뉴스를 듣고 폭우가 내릴 것이니 배를 타지 말라고 했다. 그러나 형제는 아버지 몰래 배를 타고 나갔고, 결국 폭우를 만났다. 소년은 하나님께 기도를 했지만 강한 비바람에 의해 배가 바위에 부딪혀 부서졌다. 위험한 상황 속에서 형제는 수영을 해서 겨우 강가에 도착하게 되었다는 내용이었다. 첫 번째 질문의 답변은 내재적 정의(immanent justice)에 관한 것으로, 사고는 아버지의 말씀을 불순종한 결과라는 것이었다. 두 번째 답변은 징벌적 물활론(punishing animism)에 관한 것으로, 형제가 부모에게 불순종했기 때문에 하나님은 그들의 기도를 들어주지 않았다는 것이었다. 세 번째 답변은 보호적 물활론(protecting animism)으로, 그들이 기도마저 하지 않았다면 더 큰 불행이 발생되었을 것이라는 것이었다. 세 가지 답변 중에 하나를 고르도록 한 결과, 연령의 증가에 따라 내재적 정의, 징벌적 물활론과 보호적 물활론을 따르는 것이 점차 감소되는 것으로 나타났다.

이상의 연구 결과들은 기도의 발달이 연령에 따른 단계적 변화에 의한다는 것을 보여 준다. 그러나 Woolley(2000)의 연구는 5세 아동도 기도의 개념을 알고 있음을 보여 주며, 단계 이론에 반박

한다.

기도에 관해서 Woolley(2000)와 Barrett와 Keil(1996)도 유사한 연구 결과를 도출해 내었다. Woolley(2000)는 3~8세까지의 아동들에게 인형에게 기도하는 법을 가르치라고 요청했다. 그녀는 또한 기도와 기도의 효과, 그리고 왜 때때로 기도가 응답되지 않는지에 대해 아동들이 어떻게 이해하고 있는지를 알아보기 위해 아동들과 직접 면담했다.

연구 결과, 3세 아동들은 기도에 대해 애매하고 일관성 없는 태도를 보였다. 손을 모으는 등과 같은 기도의 외형적인 면에 더 관심이 있었고, 기도는 특정한 장소와 시간에만 해야 하는 것이라고 생각했다. 이들은 기도의 효력에 대해서 긍정적으로 받아들였다. 4세 아동들은 기도의 정신적인 면에 대해 알고 있는 것으로 나타났다. 그들은 기도하기 위해서 먼저 신을 알고 믿어야 한다고 대답했다. 5세 아동들은 일반적으로 기도는 효과가 있다고 하였고, 좋은 기도와 나쁜 기도를 구별하였다. 그러나 기도에 있어 내용을 외형적인 것보다 중요하게 여기지 않았다. 6세 아동들은 기도가 자신의 실패를 바꾸는 효과적인 수단이라고 여겼다. 7세 아동들은 기도에 있어 외형보다 내용이 더 중요하다는 것을 알았다. 그녀의 연구 결과 중 일부분은 단계 이론의 관점에서 실행한 연구의 결과와 동일했다. 그러나 기도에 대한 아동들의 이해와 인과관계에 대한 직관적인 아동들의 지식을 비교할 때는 중요한 차이가 있었다.

첫 번째로 Woolley(2000)는 Long과 그의 동료들(1967)이 보고한 것보다 훨씬 이른 시기인 5세에도 기도에 대한 심리주의적 개념을 발달시킨다는 것을 보여 주었다. 두 번째로 그녀는 이 연구에서 5세 아동은 기도의 인과적인 능력(기도하면 이루어진다)을 믿을 때조차도, 자신이 소원하는 것에 대한 인과적 능력에 대한 믿음(소원하는 것을 기도하면 이루어진다)을 포기하기 시작한다는 것을 보여 주었다. 이 결과는 단계 이론에서 주장하는 것처럼 아동이 자기중심적이고 비합리적인 사고를 하기 때문에 기도를 하면 꼭 이루어진다는 마법적인 믿음을 가진다는 것과 다른 맥락이다. 특히 이들에 의하면 단계론자들이 주장하는 것처럼 아동은 신에게 자기가 원하는 것을 기도하기만 하면 꼭 이루어질 것이라고 믿지 않는다는 것이다. 기도의 효과에 대한 그들의 믿음은 오히려 가르침과 사회화의 결과로 보였다. 왜냐하면 Woolley(2000)의 연구 참여자들은 종교적 가정 출신이었기 때문이다. 게다가 소원의 효과가 아닌 기도의 효과에 대한 그들의 믿음은 소원 빌기와는 달리 기도가 초자연적인 존재인 중재자 신과 관계를 맺는 것이라고 생각하기 때문인 것으로 보인다.

Woolley(2000) 그리고 Barrett와 Keil(1996)의 공통점은 단계 이론에서 주장하는 연령보다 훨씬 더 이른 나이에 아동들이 기도에 대한 추상적인 개념을 이해할 수 있다는 것이다.

Goldman이나 Elkind, Rosenberg 등에 의한 단계 이론에서 보는 기도의 개념과 Woolley(2000) 그리고 Barrett와 Keil(1996)에 의한 기도의 개념은 대조적이다. 단계 이론에서는 아동과 성인이 기도에 대한 의미를 부여하는 방식이 서로 다르다고 보았다. 또한 성인이 가지는 기도의 개념으로 변화해 가는 단계가 있다고 가정했다. 다른 한편으로 Woolley(2000) 그리고 Barrett와 Keil(1996)은 아동과 성인이 기도에 의미를 부여하는 방식이 매우 비슷하다는 것을 보여 준다.

그러나 James가 언급한 바와 같이 기도를 초월적인 존재와의 교감 혹은 일종의 내적 대화라고 보고, 그런 의미에서 영성과 종교에 있어 본질이며 핵심이라고 본다면, 기도를 통해 어떻게 영성의 본질과 핵심에 도달할 것인지가 가장 우선적인 목표가 된다. 그렇기 때문에 이 목표에 도달하기 위해 우리가 기도를 이해하는 틀이 단계 이론에 의한 것인지 아니면 아닌지가 중요한 것은 아니다. 우리의 관심은 기도를 통해 영성에 도달하는 것에 있다.

4) 죽음과 죽음 이후의 삶에 대한 개념

많은 연구자들이 죽음과 죽음 이후의 삶에 대한 아동의 사고를 영적인 개념으로 보았다(Faulkner, 1993). 유아들의 죽음에 대한 개념 형성에 관한 연구는 두 가지 측면에서 이루어지는데, 하나는 죽음을 삶의 끝으로 보는 것과 또 하나는 죽은 후에도 영혼이 존재한다고 믿는 것이다(Gartley & Bernasconi, 1967).

먼저 Anthony(1999)는 128명의 아동에게 죽음이 무엇인지 죽음의 개념에 관해서 물어보았다. 그 결과 아동의 연령이 증가하면서 죽음이란 생명 활동의 정지를 말하며, 생물학적으로 필연적이라는 것을 깨닫게 된다는 것이다. 그 이후 수많은 연구들이 3~5세까지의 아동들이 죽음은 보편적인 것이 아니라고 이해하며(주로 노인들은 죽지만 부모는 그렇지 않다고 생각함), 죽음을 돌이킬 수 없는 것으로 생각하지도 않는다는 것을 보여 주었다. 대개 7세가 되면 아동들은 적어도 죽음의 보편성과 죽음은 돌이킬 수 없는 것이라는 것을 알게 되며, 9세가 되면 대부분의 아동들은 죽음에 대한 발달된 개념을 가지게 된다고 한다. Nagy(1948) 또한 유아의 죽음에 대한 이해 과정을 3단계로 구분하였다. 그에 의하면 첫 번째 단계는 5세 이전의 단계로, 이 시기는 죽음을 완전히 이해하지 못하고, 단지 멀리 여행을 떠나거나 잠을 자는 것으로 이해한다. 따라서 이 시기의 유아는 죽은 사람이 잠에서 깨어나듯, 혹은 여행에서 돌아오듯 다시 돌아오며, 죽음이 일시적이라고 믿는다. 두 번째 단계는 5~9세까지로, 죽음을 인간으로서 삶의 끝이라고 이해한다. 세 번째 단계는 9~10세까지로, 죽음이 인생의 마지막임을 알고, 누구나 죽음을 맞이하는 것을 안다. 즉, 죽음의 보편성을 받아들인다.

죽음을 경험하는 과정에서 아동은 또한 죽음과 죽음 이후의 삶에 대한 비직관적인 믿음을 습득하는데, 이런 믿음은 신뢰할 수 있는 다른 사람들의 증언을 통해 형성된 문화와 신앙의 전통에 의해 전달되는 믿음이다(Harris, 2000). 몇몇 연구(정은미, 1999; Koocher, 1973)에서도 아동의 죽음에 대한 개념은 아동의 성별, 종교 유무, 죽음에 대한 경험 유무에 따라 달라진다는 것을 밝힘으로써, 문화나 학습에 의해 달라질 수 있음을 알 수 있다. 아동의 죽음에 대한 이해는 연령과 발달 정도에 따라 개인차가 있으나(김남주, 1984; Gartley & Bernasconi, 1967; Melear, 1973; Nagy, 1948) 죽음에 대한 사회문화적인 이해 양상에 따라서도 죽음에 대한 이해력은 달라진다(Furman, 1974; Smilansky, 1987; Vernon, 1970)고 요약할 수 있다.

이상에 기술한 것처럼 단계 이론에서는 연령에 따라 죽음에 대한 이해가 달라진다. 그러나 인지-문화적 접근에서는 어린 아동이라 하더라도 죽음에 대해 직관적인 이해를 가지고 있다고 주장한다. 아동은 죽음을 직접 경험하면서 죽음에 대한 그들 자신의 직관적 존재론을 형성한다. 이로써 단계 이론에서 주장하는 것보다 훨씬 어린 나이에 죽음은 돌이킬 수 없으며 필연적임을 이해한다고 한다. 3세 정도의 영아들이 죽음에 대한 개념을 일반화하거나 추상화할 수는 없을지라도 그들 나름대로 죽음이라는 경험을 이해하는 방식을 갖고 있다는 주장도 있다. 그보다 어린 2세 정도의 영아들도 자신에게 친숙한 대상이 시야에서 사라지면 언어 능력이 부족하긴 하지만 불안한 심리상태를 울음이나 신체적인 움직임을 통하여 표현하는 것을 관찰할 수 있다(Kastenbaum, 1995). 이는 연령에 관계없이 죽음에 대한 이해가 가능하며, 어린 아동이라 할지라도 죽음에 대해서 일정 부분 이해하고 있음을 나타낸다. Berryman (1997)은 텍사스 주에 있는 의학센터에서 아동들과 함께하며, 아동은 죽음에 대해 더 많은 것을 알고 종교적인 경험도 가질 수 있다는 확신을 갖게 되었다. 그는 거기서 어른이나 의료진들이 어떤 도움도 줄 수 없을 때 아동들이 서로 죽음을 준비할 수 있도록 돕는 장면을 목격하였다.

연령에 따라 죽음 이후의 삶에 대한 개념이 어떻게 변화하는지에 관한 연구는 비교적 적은 편이다. Blum(Ratcliff, 1985에서 인용됨)은 아동의 죽음 이후의 삶에 대한 개념은 연령이 증가할수록 희미해지며, 이러한 변화에서 종교 변인보다는 연령 변인이 더 중요한 요인임을 발견했다. 이러한 결과는 Tamminen(1976)의 연구에서도 반복되었다. 그는 학령기 아동이 평균적으로 영원한 생명과 천국에 대한 그림을 상세하게 표현한다는 것을 발견했다. 반면 그보다 연령이 더 높은 아동은 우주에서 천국의 위치를 정하는 것을 어려워하거나, 천국에 관한 자신의 신학적인 사고를 제시했다(예컨대 "천국은 우리 안에 있습니다."라고 대답하는 것).

다시 말하면 단계 이론에서 실시된 아동의 죽음에 대한 연구는 연령에 따라 다르게 나타난다. 그러나 단계 이론 외의 대안 이론 중 하나인 인지-문화적 접근에서 실시된 연구 결과 아직 뚜렷하게 나타나지 않았다.

이상과 같이 아동이 초자연적인 존재, 종교 제도, 기도, 죽음 등에 관한 개념을 어떻게 형성하는지에 관한 단계 이론과 단계 이론 외의 대안 이론이 갖는 대조적인 관점은 각각 우리가 갖는 아동의 영성 발달에 관한 이해의 기초를 제공할 뿐만 아니라, 앞으로 영성 발달의 연구 방향을 제시한다.

우리는 단계 이론이나 단계 이론 외의 대안 이론 중 어느 한쪽만을 선택하여 연구를 진행하기보다는 두 이론을 통합하여 아동의 영적 · 종교적 개념에 대한 연구를 진행하는 것이 바람직하다고 판단한다. 왜냐하면 이 두 가지 접근법은 서로 모순된 것이 아니며 오히려 통합될 수 있기 때문이다. 각 단계의 차이에 초점을 맞춘다고 해서 각 단계의 유사성에 초점을 맞출 수 없는 것은 아니다. 더 나아가 서로 반박하기보다는 이러한 초점의 결함을 상호 보완할 수도 있다.

아동의 영적인 개념이 어떻게 발달하는지를 이해하기 위한 분석의 틀이 단계 이론에 의한 것인지 아니면 인지-문화적 접근에 의한 것인지 중요한 것은 아니다. 우리의 관심은 아동의 영성을 발견해 내고, 이를 북돋우는 데 있다. 이를 위해서 단계 이론과 대안 이론을 통합적으로 적용할 수 있다.

제4장

영성 발달과 관련된 요인

영성은 전인적 발달의 관점에서 파악되는 것으로, 개인의 신체, 정서, 인지, 사회성 발달과 관련되어 있다. 영성은 개인을 둘러싼 사회, 문화적 환경의 영향을 받는 것으로, 영성과 관련된 여러 가지 요인을 발견할 수 있다. 이 장에서는 영성에 관련된 요인을 긍정 요인과 부정 요인으로 나누어 살펴볼 것이다.

1. 긍정 요인

1) 개인적인 요인

(1) 신체적, 정신적 건강

많은 연구들이 '영성은 개인의 신체적, 정신적 건강에 어떤 영향을 끼치는가?'라는 문제를 다루어 왔다. 이러한 연구들 중 대다수가 종교적 활동과 영성이 신체적, 정신적 건강을 향상시킨다는 것을 보여 준다(김신열, 2004; 염형욱, 정성덕, 서완석, 구분훈, 배대석, 2005; 전혜정, 2004a, 2004b; 한내창, 2002; Atchley, 1997; Koenig, 2001b).

Pearce, Little과 Perez(2003)는 종교심과 영성의 어떤 측면이 우울과 연관되어 있는지를 구체적으로 살펴보았다. 그 결과 종교 모임 참석, 개인적 종교 행위(예: 영적 훈련, 기도), 종교심에 대한 자기 평가, 종교 모임 내 문제, 종교 모임으로부터 받는 지지 중에서 개인적 종교 행위를 제외한 요인이 우울과 유의한 관계가 있었다. 이러한 결과는 청소년의 우울 증상을 감소시키고 예방하는 데 있어서 종교 집단이 제공하는 지지가 중요함을 시사한다. 노인을 대상으로 한 연구에서도 영성이 불안과 우울을 감소시켜 주고, 전반적인 삶의 질과도 긍정적인 상관이 있는 것으로 나타났다(염형욱 외, 2005). Davis, Kerr와 Kurpius(2003)는 영성적 안녕, 종교적 지향, 사회적 지지가 위험 집단 청소년들의 불안을 예측하는지를 살펴보았다. 그 결과 실존적 안녕감이 높을수록 불안 수준이 낮은 것으로 나타났다. Cotton, Larkin, Hoopes, Cromer와 Rosenthal(2005)도 종교성과 영성이 우울에 미치는 영향을 연구하였다. 연구 결과 우울한 청소년들이 위안과 지지를 얻기 위해 종교에 더욱 의지하는 경향을 발견할 수 있었다. 이 결과는 종교적 믿음과 종교적 안녕감보다 위안과 심리적 만족감이 청소년들의 우울을 감소시키고 예방하는 데 보다 중요함을 말해 준다.

영적 · 종교적 발달과 정신 장애와의 관련성에 대해서 살펴보면, 약물 관련 장애와 종교성 사이에 부정적 상관관계가 있다는 것이 유일하게 일관성 있는 결론이다(Oser et al., 2006). 종교를 가진 청소년들은 약물 사용에 대해 부정적인 태도를 보이는 것으로 나타났다(Francis & Mullen, 1993). 종교심은 청소년들을 약물 사용으로부터 보호하는 역할을 하는데, Wills, Yaeger와 Sandy(2003)의 종단 연구 결과, 종교심은 스트레스가 청소년의 약물 사용에 미치는 영향을 약화시켰다. 특히 종교성을 신앙 공동체에 참여하는 것으로 파악할 때 그러한 부정적 상관관계가 두드러지게 나타난다. 즉, 다른 모든 조건이 동일할 때 영적 · 종교적 발달은 사람들이 약물 관련 장애에 빠지는 것을 막아 준다.

명상은 신체적 건강을 증진시키는 영적 · 종교적 활동이다(Oser et al., 2006). 초월적 명상이나 요가와 같은 명상적 활동들은 심장 수축 시나 심장 확장 시의 혈압을 낮춰 주고, 신장 외 기관의 혈행을 개선하며, 호흡수와 심장 박동수를 줄여 준다. 이러한 생리학적 효과는 불안, 우울증, 스트레스를 감소시킨다(Astin, 1997). 많은 연구들은 명상이 개인의 건강과 복지에 긍정적 효과를 가진다고 보고했다. Powell, Shahabi와 Thoresen(2003)도 비록 심혈관 질환과 암이라는 제한된 영역이긴 하지만 종교성과 건강한 생활 스타일 사이에 긍정적 관련이 있음을 입증했다. 이 결과를 통하여 종교공동체에 의해 제공되는 사회적 지지가 건강에 해로운 정신적 고통과 외로움을 줄여 줄 수 있다는 것을 알 수 있다.

사람들이 종교적 공동체와 관련을 맺고 있는지 아닌지뿐만 아니라 종교성의 특성이나 질도 건강에 영향을 준다(Oser et al., 2006). 내면적 종교성이 외부적 종교성보다 신체적, 정신적 건강에 더 강력하고 긍정적인 영향을 끼친다(Argyle, 2000). Bastson, Schoenrade와 Ventis(1993)가 115개의 연구를 분석한 결과, 내면적 종교성이 건강, 특히 정신 건강과 긍정적 관련을 가지는 반면, 외부적 종교성은 보다 부정적 관련이 있음을 밝혔다. 내면적 종교성은 일체감(sense of coherence)과도 긍정적 상관관계를 가지고 있는데, 일체감은 정신적, 신체적 복지를 향상시켜 주는 것으로 나타났다. 내면적 종교수행을 하는 사람들이 평균적으로 더 행복하며, 특히 그들이 신에게 가까이 있음을 느낄 때 더 그러하다(Pollner, 1989).

(2) 대처 능력

영성의 가장 기본적이며 보편적인 기능 중의 하나는 대처하는 것, 특히 사랑하는 가족의 죽음과 심각한 질병 같은 인생의 중대한 사건에 대처하는 것이다(Oser et al., 2006). 영적 안녕감은 인간의 부정적인 생활 사건으로 말미암은 스트레스 상황에서 개인으로 하여금 고통의 의미를 발견하고 희망과 긍정적인 사고를 할 수 있도록 돕기(George, Larson, Koenig, & McCullough, 2000) 때문에 영성은 중요한 대처 자원이 될 수 있다.

스트레스 상황뿐만 아니라 일반적인 상황에 관한 다른 연구에서도 영적 안녕감과 대처 방식 간에 긍정적인 관계를 발견할 수 있다. 많은 연구들에서 영적 안녕감의 수준이 높을수록 일반적으로 적극적으로 대처하고, 삶의 의미와 목적을 가지며 정서적 지원을 더 많이 추구한다는 사실을 보여 주고 있다(서경현, 전겸구, 2004; 심미성, 2006; Mascaro & Rosen, 2006; Westgate, 1996; Young, Cashwell, & Shcherbakova, 2000). 종교적 대처 전략은 특히 소수 인종과 이민자 청소년들에게 중요한 보호 요인으로 작용한다. 미국의 흑인 청소년들에 대한 연구에 따르면, 흑인으로서 안정적인 정체성을 가진 고등학생들에게서 종교적 대처 전략의 사용이 가장 두드러졌다(Constantine, Donnell, & Myers, 2002).

따라서 대처 자원으로서 초월적 존재에 대한 의미를 포함하는 영성 개념을 포함하는 것이 중요하다고 할 수 있다. 왜냐하면 개인은 고통을 경험하는 것 자체보다 그 고통에서 의미를 찾는 것이 더 중요하기 때문이다.[1] 영성은 인간에게 삶의 의미와 이상과 목적에

1) 이에 관해서는 Frankle의 저서인 『죽음의 수용소에서』에 잘 나타나 있다. 로고테라피를 창시한 그는 나치의 강제 수용소에서의 경험을 바탕으로 "아무리 비참한 환경에 처해도 살아갈 의미를 발견할 수 있다면 삶을 계속해서 추구해 나갈 수 있다."고 하였다. 수용소에 갇혔던 많은 사람들이 수용소에서 나왔을 때, 수용소에서 살아가는 의미가 되었던 사랑하는 가족이 죽었음을 알고는 삶의 의미를 잃어버리고 죽어 가는 것을 발견했다. 따라서 인간에게 고통 자체가 중요한 것이 아니라 고통에서 의미를 발견하는 것이 더 중요함을 알 수 있다.

대한 질문에 대한 답을 찾는 데 도움을 준다(George et al., 2000). 따라서 영성은 개인이 고통이나 스트레스에 대처하는 심리적 자원이 된다. 대학생을 대상으로 한 선행 연구에서도 영성이 심리적 불안과 우울을 중재함으로써 대처 자원이 됨을 밝혔다(심미성, 2006; Kim & Seidlitz, 2002; Mascaro & Rosen, 2006).

대학생들의 스트레스에 대한 연구(Kim & Seidlitz, 2002)에서 연구 대상 학생들의 대처 전략을 통제한 상태에서 영성이 일상적 스트레스를 조절하는 것으로 밝혀졌다. Maton(1989)과 김유심(2010)의 연구에서도 생활 스트레스와 우울에도 영적 안녕감이 도움이 되는 것으로 밝혀졌다. 이상의 결과들을 종합하여 결론을 내리자면 영성은 상황에 대한 의미의 재해석, 수용, 힘을 가지게 함으로써 대처 자원으로 작용하게 된다는 것을 알 수 있다.

이는 개인에게만 해당되는 것이 아니다. Walsh(1998)는 그의 가족 탄력성에 관한 연구에서 가족의 신념 체계 요인으로 초월과 영성을 제시하였다. 여기서 가족의 초월과 영성이란 가족이 더 큰 가치와 목적을 지향하고, 고통을 통하여 학습하며 성장한다는 자세를 갖는 것을 의미한다. Walsh(1998)는 이러한 가족의 초월과 영성이 가족에게 위기가 닥치거나 건강한 기능을 수행하지 못하도록 하는 방해물을 만났을 때 그러한 상황을 극복하고 나아갈 수 있는 중요한 자원이 된다고 보았다.

그렇다면 '개인이 어떻게 영적 혹은 종교적 대처 능력을 개발할 수 있을까?' '왜 각각 다른 대처 스타일을 선호할까?' 혹은 '종교적 판단 단계에 따라 대처 방식은 어떻게 달라질까?' 등에 관한 연구가 부족하긴 하지만, Pargament(1997)는 다음과 같은 형태의 종교적 대처를 구분했다.

- 자기 지배적 대처: 개인이 자신들의 문제를 해결하기 위해 신이 주신 자원들을 사용할 때
- 위탁적 대처: 개인이 절망적 상황에서 상황에 대한 통제력을 신이나 더 높은 힘에 맡기고, 이렇게 함으로써 역설적으로 통제력을 얻을 때
- 협력적 대처: 개인이 신을 도움을 주는 파트너로 평가할 때

또한 대처에 관한 많은 연구에서 가장 빈번하게 사용되는 영적·종교적 대처 전략 중의 하나는 기도이며, 여성, 노인, 흑인, 교육 수준이 낮은 사람들 사이에서 종교적 대처가 더 빈번하게 사용된다는 것을 밝혔다. 또한 이들 연구에서 개인이 자애로운 신에 대한 믿음을 가지고 있다면 종교적 대처의 결과로 스트레스의 감소, 불안의 감소, 더 많은 복지를 누리는 느낌들을 갖게 될 것이고, 만약 그들이 인생에서 일어나는 부정적 사건들을 신의 처벌로 인식한다면 그 어려움을 다루는 데 더 큰 능력을 갖게 될 것이다. 따라서 협력적, 종교적 대처의 결과는 다른 형태의 대처 결과보다 더 바람직하다고 볼 수 있다(Oser et al., 2006).

(3) 생활만족도

생활만족도는 심리적 안녕감, 행복감, 심리적 복지, 적응, 삶의

질 등의 개념과 유사한 개념이다. 대부분의 연구에서 종교적 믿음과 활동이 생활만족도에 기여하여 전체적인 삶의 질에 긍정적인 영향을 미치는 것으로 나타났다(강경혜, 1999; 김미숙, 박민정, 2000; 김수정, 2006; 김숙경, 2004; 김신열, 2004; 석말숙, 2004; 손용진, 2007; 전혜정, 2004a; Atchley, 1997; Daleman et al., 2001; Ellison, 1991; Koenig, 2001b; Levin, 1996).

Kelley와 Miller(2007)는 일상적인 영적 체험, 용서, 긍정적인 종교적 대처와 종교 모임의 지원이 삶의 만족도를 유의하게 예측하였으며, 특히 일상적인 영적 체험이 가장 강력한 설명력을 지녔다고 보고하였다. Kim과 Esquivel(2010)의 연구에서도 미주 한인 청소년들의 삶의 만족도를 예측하는 데 영적인 체험이 중요한 변인이라고 결론지었다. 우리나라의 연구에서도 김동희(2008)는 감사명상을 통해 고등학생들이 자신은 물론 가족, 이웃, 사회, 삼라만상 등 주변의 모든 것에 대해 감사를 경험하고 표현하도록 하였는데, 감사 명상을 한 청소년들이 그렇지 않은 청소년들에 비해 삶의 만족도와 긍정적 정서에서 유의한 증가를 보이고, 부정적 정서에서는 유의한 감소를 보인 것으로 나타났다.

결론적으로 영성과 종교성은 신체, 정신 건강에 긍정적 영향을 끼치고, 개인의 대처 능력을 높이며, 이로 인해 복지와 행복, 생활만족도에도 영향을 준다. Argyle(2000)은 이 같은 결과가 발생하는 것이 부분적으로는 종교 공동체에 의해 제공되는 사회적 지지의 효과 때문이라고 주장했다.

(4) 도덕성 발달

일반적으로 도덕성은 영적 · 종교적 발달의 결과물로 여겨진다. 이것이 일반인들과 James의 생각이다. James는 성스러움(saintliness)의 기초가 도덕심에서 비롯되는 것이 아니라, 눈에 보이지 않는 자비로운 힘을 접해 본 경험에서 비롯된다고 주장했다. James는 오히려 눈에 보이지 않는 자비로운 힘을 접하는 경험의 결과나 부산물이 강력하고 긍정적인 도덕성이라고 여겼다(Oser et al., 2006). 또한 Durkheim(1954)도 종교가 개인에게 도덕적 가치관을 내면화시킴으로써 사회 질서에 순응하도록 한다고 주장하였다.

그러나 Freud는 종교가 도덕성과 관계없다고 하였다. 그러나 많은 학자들의 연구 결과를 살펴보면 종교와 도덕성 발달과의 관계가 Freud나 Durkheim(1954)의 주장과 같이 명확하게 설명되기 어렵고 상당히 복잡하게 나타난다. 그중의 대표적인 연구자가 Kohlberg다. 초기 연구에서 그는 도덕적 발달이 종교와 관계없는 영역이라고 주장했다. 도덕적 발달을 촉진하는 것은 종교나 영성이 아니라 아동과 청소년들이 매일 직면하는 일상적 갈등이라는 것이다. 오히려 그는 종교가 사람들을 어리석게 만드는 효과를 가진다고 주장했다. 그는 학교에서 도덕 교육을 실시해야 하지만 이러한 교육은 특정 종교의 종교적 가치 및 개인적 가치가 아니라 정의의 보편적인 원리에 입각해야 한다고 하였다.

그러나 후기에 Kohlberg는 '왜 비도덕적 세상에서 도덕적이어야 하는가?'라는 도덕적, 철학적 문제를 다루면서 종교에 대한 그의 입장을 완화했다(Oser et al., 2006). 그는 도덕적 추론만으로는 왜 도덕적이어야 하는지에 대한 의문에 답할 수 없으며, 결국은 종교나 신앙에 의지하지 않을 수 없다고 인정했다. 그 과정에서 그는 종교적 발달(더 구체적으로 신앙 발달)이 도덕적 발달을 어떻게 도울 수 있는지에 관해 긍정적 입장을 취했다.

그러나 익히 알려진 바와 같이 Kohlberg의 도덕성 이론은 발달 단계의 불변성, 하위 단계로의 퇴행 불가능성, 발달 단계의 보편성, 남성 편향주의 등의 문제를 안고 있으며, 이 중에서 가장 대표적인 것은 도덕적 행동과 추론이 일치하지 않는다는 점이다. 이러한 Kohlberg 이론의 한계는 그의 도덕성 이론이 영적 · 종교적 발달과 어떤 관련이 있는가를 살펴보는 데에도 그대로 적용된다.

그러면 도덕적 발달과 영적 · 종교적 발달의 관계는 어떻게 이해되어야 하는가? 이에 관해서 Durkheim(1954)이나 James의 주장처럼 서로 일치한다는 견해와 Freud나 Kohlberg의 초기 연구와 같이 이 둘은 완전히 분리되어 있다는 양극단적인 견해가 양립하고 있다. 도덕성이 인간의 행위와 인간관계를 나타내는 것이라면, 종교나 영성은 인간과 초월적 존재와의 관계를 나타내는 것이다(이원규, 2009). 이러한 측면에서 언뜻 보면 도덕성은 종교성이나 영성과 분리되어 있는 것처럼 판단된다. 그러나 이 둘의 관계에 대한 다양한 주장이 있다.

첫 번째 주장은 종교성이나 영성이 도덕성과 분리되어 있다는 주장이다. Yinger(1970)가 이러한 주장의 근거를 제시한 대표적인 연구자다. 그에 의하면 신과의 합일이나 영원한 구원, 열반에 대한 종교적 탐구가 중요하기 때문에 도덕적 주제들은 중요하지 않다.

종교적 탐구가 다른 어떤 것보다 중요하다는 주장은 성경에서 예수에게 바리새인들이 로마의 황제에게 세금을 바칠 것인가를 물었을 때 동전을 가지고 오라 하여 동전에 새겨진 얼굴이 누구의 것이냐 물은 뒤, 가이사의 얼굴이라 대답하자 가이사의 것은 가이사에게라고 대답한 것에 의해서도 설명된다. 종교성이나 영성이 도덕성과 분리되었다고 주장하는 연구자들은 오히려 도덕적 주제를 종교적인 것과 관련시키는 것은 가장 순수한 형태로서의 종교 발전을 저해한다고 본다. 반대로 도덕을 강조하는 사람들은 오히려 도덕적 문제에 대한 종교적 연계가 도덕적 탐구를 흐리게 한다고 주장한다(이원규, 2009). 이들은 종교에 관계없이 도덕성이 인간의 이성과 양심이 옳고 그름의 마지막 척도가 되어야 한다고 주장한다. 이들은 도덕을 우선하든 종교를 우선하든, 공통적으로 도덕성은 영성이나 종교성과 분리되어야 한다고 주장한다.

두 번째 주장은 도덕성이 종교성이나 영성과 일치한다는 것이다. 즉, 도덕성은 종교성과 분리될 수 없으며 실제적인 의미에서 동일하다고 본다(이원규, 2009). 이러한 주장을 하는 연구자들은 1960년대의 자유주의 신학자들과 인본주의 사회학자들이다. 자유주의 신학자들은 종교의 초자연적이고 초월적인 개념을 자연적이고 내재적인 개념으로 해석하고, 내세에 대한 종말적 신앙을 현세에서의 실존적 삶의 의미로 대체한다(이원규, 1987). 인본주의 사회학자들은 사회가 발전하면 전통적인 종교가 수행했던 도덕적 기능을 인본주의에 토대를 둔 도덕성이 대신할 것이라고 보았다.

세 번째 주장은 도덕성이 영성이나 종교성과 밀접한 관련이 있다고 보는 것이다. 많은 연구자들은 도덕성이 종교와 분리될 수 없다고 보며 중요한 부분이라고 본다. 대부분의 종교에서는 도덕적 행동을 강조하고 중요시한다. 예컨대 불교에서 선업을 쌓으라고 하는 것은 도덕적 행동을 하라는 뜻으로 해석할 수 있다. 기독교에서 '네 이웃을 네 몸과 같이 사랑하라.'는 황금율도 도덕성의 기반이 된다.

Colby와 Damon(1992)은 영적 모범이 되는 성인들의 대다수가 초월적 존재에 대한 감각 때문에 도덕적 행동을 했다는 것을 확인했다. 이들에게는 도덕성, 영성, 정체성 같은 것들이 남을 배려하는 그들의 삶 속에 융합되어 있었던 것이다. 즉, 그들에게는 타인에 대한 배려가 바로 그들이 누구인가를 보여 주는 것이었다. Walker와 그의 동료들의 몇몇 연구(Walker & Pitts, 1998; Walker, Pitts, Hennig, & Matsuba, 1995)도 같은 맥락에서 진정한 종교적 경험은 성숙한 도덕적 행동에서 드러난다는 James의 주장을 지지한다. 많은 연구들이 종교 의식 참석, 정통 신앙과 인종적 편견 사이에 긍정적이고 명확한 상관관계가 있는 것을 발견했다(Batson, Schoenrade, & Ventis, 1993). 도덕적 발달과 영적 · 종교적 발달 사이의 긍정적 상관관계는 높은 단계에서 가장 명확하게 나타난다. 또 영적 · 종교적 경험이 진정한 것일 때, 그리고 그 경험이 긍정적 신앙 전통과 일치할 때 긍정적 상관관계가 가장 명확해진다(Oser et al., 2006).

그러나 모든 연구에서 종교나 도덕성 간의 관계가 명확하게 나타나는 것은 아니다. 이를테면 Hunsberger(1995)의 연구에서는 종교와 도덕성의 관계가 곡선적으로 나타났다. 즉, 가장 종교적이거나 완전히 종교적이지 않은 사람들이 가장 편견을 덜 가졌다(Hunsberger, 1995).

2) 사회적인 요인

(1) 공공 봉사

공공 봉사란 타인이나 사회의 복지를 증진시키기 위해 개인의 시간과 능력, 자원을 기부하는 것이다. 봉사 활동은 공격 행동과 대조되는 동정심, 나눠 주기, 이타 행동 등과 같은 인간 행동의 긍정적 측면을 포함하고 있다(박준성, 정태연, 2011).

공공 봉사와 종교가 관련이 있는 구체적인 예를 많은 종교 기관이나 단체가 일반적인 사회 봉사 단체에 비해 더 많이 공공 봉사에 참여한다는 연구 결과에서 찾아볼 수 있다. Youniss, Mclellan, Su와 Yates(1999)는 종교를 중요하게 여기는 고등학생들이 학교 생활에 활발하게 참여했고, 공동체의 향상을 위해서도 적극적으로 참여했다고 발표했다. 특히 청소년에 관한 연구(조학래, 1996; 허정철, 2004)는 청소년들과 그들의 종교 기관 참여, 공동체 봉사 참여의 긍정적 관계에 관해 입증한다. 이 연구에서 볼 때 청소년들에게는 종교 기관이라는 환경에서 공공 봉사를 하는 것이 다른 환경에서 공공 봉사를 하는 것보다 더 긍정적인 의미를 주는 것처럼 보인다. Donnelly, Denaux와 Famere(2005)의 연구에서 보면 종교 기관이라는 환경 내에서 공공 봉사를 하는 청소년들이 다른 환경에서 공공 봉사를 하는 청소년들보다 더 오랫동안, 상급생이 되어서나 성인이 되어서까지 공공 봉사를 지속하는 경향이 있었다. 박준성과 정태연(2011)의 연구에서도 종교인이 비종교인보다 공공 봉사를 더 많이 하고 있는 것으로 나타났다.

2. 부정 요인

앞에서는 영성 발달과 관련된 긍정 요인에 대해 논의했다. 그러나 중세의 십자군 전쟁은 차치하고라도 역사적으로 볼 때 종교를 앞세워 벌어진 부정적인 일들이 많이 있다. 선교라는 목적으로 다른 나라를 침략하여 식민지로 지배한 역사도 종교와 관련된 부정적인 일이다.

최근에는 9 · 11사태와 인민사원 사건 등이 있다. 티베트, 인도와 파키스탄, 중동, 북아프리카, 유고(코소보 지역), 북아일랜드 등에서 일어나고 있는 수많은 집단 간, 집단 내 분쟁의 핵심에 종교가 자리하고 있다. 이러한 종교적 갈등의 기저에는 종교가 제공하는 다양한 종류의 편견이 존재하며, 이는 영성이나 종교성이 개인의 발달에 부정적인 관련이 있다는 증거라고 볼 수 있다(Oser et al., 2006).

지금부터는 영적 · 종교적 발달과 부정적으로 관련된 요인들을 살펴보고자 한다. 먼저 개인적인 요인으로 정신 장애와 잘못된 종교적 편견과 신념, 태도에 대해 다룰 것이다. 또한 사회적인 요인으로 컬트와 오컬트, 테러리즘이 영적 · 종교적 발달과 어떻게 부정적으로 관련되었는지 논의할 것이다.

1) 개인적인 요인

(1) 정신 장애

모든 정신 장애는 정신 질환을 진단하기 위한 기준(DSM)에 의해 분류된다. 이 분류 체계는 단지 정신 질환을 분류하는 것 이상의 기능을 한다. 왜냐하면 이 분류 체계에 의해 정신 질환을 치료할 계획을 세우기 때문이다. 그렇기 때문에 이 분류 체계는 개념적이고 실제적인 측면에서 유리한 점이 많다(Cantwell & Rutter, 2002). 그러나 이 분류 체계는 단점도 많다. 그 단점 중의 하나는 이 분류 체계에 의해 분류되지 않는 정신 장애는 진단되지도 않고, 치료의 대상이 되지도 않는다는 것이다(Oser et al., 2006).

DSM-4 이전에는 영적 · 종교적 문제가 정신 장애로 분류되지 않았다. 영적 · 종교적 문제는 DSM-4에서 단지 '기타'로 분류되었다. 그런데 DSM-5에 영적 · 종교적 문제가 포함되었다. DSM-5에 정의된 '영적 · 종교적 문제'라는 새로운 범주에 대한 정의는 임상적으로 주목할 초점이 종교적이거나 영적인 문제일 때 사용할 수 있다고 되어 있다.

이처럼 DSM-5에 영적 · 종교적 문제라는 새로운 진단 범주가 추가된 것은 일종의 진보라고 볼 수 있다(Oser et al., 2006). 왜냐하면 영적 · 종교적 문제가 '기타' 정신병리적 문제로 분류되었을 때에는 치료의 방향을 잡지 못하거나 잘못 잡았었지만, DSM-5에 의해 '영적 · 종교적 문제'로 분류한 이후에는 치료의 방향을 잡고 치료해 나갈 수 있게 되었기 때문이다. 이를테면 앞으로는 신앙이 없는 상태에서 우울한 것과 강한 종교적 신앙을 동반한 상태에서 우울한 것을 구분하여 정신 장애를 다룰 수 있게 되었다(Stone, 2000).

한 예로, 정신 의학 진보를 위한 모임의 보고서에 나오는 영적 문제에 관한 한 사례를 들 수 있다. 피상담자는 부모의 싸움과 남동생의 정신병으로 말미암은 죄책감을 다루기 위해 상담자를 찾았다. 치료 과정에서 그녀는 황홀경과 우주와의 일체감, 시공간을 초월하는 고양된 자각, 인생의 의미와 목적에 대한 감각의 증대 등 일종의 신비 체험을 했다. 의사들은 그녀의 이러한 증상을 조증, 정신 분열증, 히스테리로 진단을 내리려고 하였으나 이러한 증상들이 분열적이기보다는 통합적으로 나타난다는 데 근거하여 영적 · 종교적 문제로 파악하였다. 이 진단을 바탕으로 그녀가 얻은 신비적 통찰을 확장시키고, 신비 체험을 통합할 수 있도록 상담이 이루어졌다. 상담 결과, 피상담자는 성공적으로 치료되었다. 만약 피상담자의 문제를 영적 · 종교적 문제로 보지 않고 단순히 정신 분열로 진단했다면 피상담자의 문제는 해결되기 어려웠을 것이다. 즉, 같은 진단이라 하더라도 영적 · 종교적 문제에 기인한 것이라면 좀 더 다른 정신 치료가 시행될 수 있으며, 위의 예는 바로 그 증거다.

(2) 종교적 편견

잘못된 종교적 신념에 관한 연구 주제로 가장 많이 다루어지는 것은 종교적 편견[2]에 관한 것이다. 잘못된 종교적 편견으로 인해 여러 가지 사회적 대립과 문제가 발생한다. 예컨대 자녀에게 질병이 있는데도 기도로 나을 수 있다며 병원 치료를 거부하거나 수혈을 거부하는 예가 있다. 이는 개인의 수동적 거부에 속한다. 그러나 다른 종교에 대한 적극적인 공격으로 나타나는 불상 및 불화 훼손 사태, 사찰에 일어나는 연쇄 방화 사건 등은 집단 간 대립이다. 이러한 종교적 편견은 사회 계급 간의 갈등, 특정 종교의 권력과 부의 독점에 따르는 반발과도 이어진다(Yinger, 1970).

가장 일관되게 밝혀진 내용은 온건하고 절제 있는 수준에서 종교에 참여하는 사람은 종교적 편견이 가장 적다는 것이다(Allport & Ross, 1967). 또한 구분해야 할 것은 종교적으로 지지를 받는 편견과 종교적 편견이다(Oser et al., 2006). 이를테면 어떤 근본주의자 집단은 성경을 근거로 자위행위나 피임은 죄라고 규정한다. 이는 종교적 편견이다. 그러나 종교적인 집단에 의해 자행되는 폭력적인 행위는 종교적 편견이기보다는 종교적 집단에 의해 지지되는 편견이라고 볼 수 있다.

또한 종교는 일반적으로 자기 존중감과 심리적 균형에 이바지한다고 알려져 있다. 그러나 반대로 송기득(1989)은 인간의 유한성과 나약함을 지나치게 강조하며, 인간을 비하시키는 신앙의 문제점을

---

2) 편견이란 집단 간에 갖는 부정적 태도를 말한다. 종교적 편견이란 종교에 의해 조장되는 타 종교나 집단에 대한 부정적 태도나 신념을 의미한다.

지적했다. Rogers(1958) 또한 자신의 임상 경험을 바탕으로 많은 환자들이 자신을 존중하고 사랑하지 못하는 문제점을 가지고 있다고 지적하면서, 기독교가 지나치게 자기 부인을 강조한다고 하였다. 또 다른 예로 개신교회에 다니는 한 여성은 자신의 존재 가치를 부정하는 말을 자주 하는데, 이는 기독교가 인간은 원죄를 가지고 태어났으며, 죄인임을 강조하는 데 연유한 것이라고 해석할 수 있다.

질병과 같이 자신에게 일어난 고통스러운 일을 신의 처벌이라고 규정함으로써 잘못된 종교적 신념이 부정적인 발달과 관련되는 경우도 있다. 신의 처벌은 전통적으로 많이 사용된 개념이며, 성경적으로도 근거가 있다. 신의 처벌에 관련되는 감정은 두려움, 분노, 공포(Pargament, Ensing, Falgout, Olson, Reilly, Van Haitsma, & Warren, 1990)다. 신의 처벌에 대한 사고는 자기 효능감을 감소시킨다. 예컨대 심장 질환이 있는 환자의 13%는 그들의 질병이 죄로 인한 것이라고 생각하고 있었다(Croog & Levine, 1972). 이들은 신에 대한 불복종으로 인해 자신이 처벌을 받는다고 생각하고 있었고, 죄책감을 느끼고 있었다(Hood, 1992).

몇몇 연구(한내창, 2002; Exline, Yali, & Lobel, 1999; Koenig, Pargamen, & Nielsen, 1998; Smith, Pargament, Brant, & Oliver, 2000; Trenholm, Trent, & Compton, 1998)에서는 영성과 종교 활동의 긍정적인 효과가 발견되지 않았으며, 오히려 종교가 부정적인 대응기제로 작용하기도 하였다. 이를테면 충족되지 못한 영적 불만족(spiritual discontent)과 벌을 받을 것이라는 처벌적 의미 부여

(punitive religious reframing), 스스로 만들어 낸 자기 지시적 대응 방식(self-directing religious coping), 교회나 신도들에 대한 불만(congregational discontent) 등이 오히려 신체 건강과 정신 건강을 낮추는 부정적인 영향을 미치는 것으로 나타났다(Pargament, Koenig, Tarakeshwar, & Hahn, 2004). 평소 자신이 종교적 계율을 지키지 못한다고 생각되어 불안해하던 한 여학생이 이를 속죄하기 위해 40일간 금식 기도를 하다가 사망한 예(최재락, 2007)는 종교가 부정적인 대응기제로 작용한 대표적인 예다.

그러면 영적 · 종교적 발달과 관련된 종교적 편견의 부정적인 관련성에 대해서 일관된 연구 결과를 발견하고 이에 관한 결론을 내릴 수는 없다. 왜냐하면 영적 · 종교적 발달과 종교적 편견의 관계에 관한 연구의 역사가 일천하기 때문이다. 일관된 연구 결과를 발견하기 위해서 우리는 이에 관한 좀 더 많은 연구 결과가 필요하다.

2) 사회적인 요인

컬트나 오컬트, 테러 집단에 대해 논의하면서 두 가지를 짚고 넘어갈 필요가 있다. 첫 번째는 오컬트나 테러, 컬트가 무엇인지 정의할 때 편견이 개입될 여지가 있다는 것이며, 두 번째는 소위 컬트라고 불리는 집단의 구성원이 그렇지 않은 집단에 참여하는 구성원보다 더 정신병적이고 문제가 있다는 어떠한 증거도 찾을 수 없다는 것이다(Oser et al., 2006).

(1) 컬트

원래 컬트(cult)[3]라는 용어는 종교사회학적 측면에서 혹은 신앙에 관한 전통에서 긍정적이지도 부정적이지도 않은 중립적인 의미를 지니고 있었다. 컬트는 사전적으로는 어떤 인물이나 이념에 귀의하고, 헌신을 바치는 집단이나 운동을 의미할 뿐이다. 컬트가 지니는 의미는 충성스러운, 헌신적인, 비이성적인, 혁명적인, 집단적인, 폐쇄적인, 유별난 등이다(김지숙, 2007).

그러나 1960년대 이후의 Johnstown[4]과 Waco[5]의 비극 이래로 대중 매체 혹은 정부에서 컬트 집단을 부정적인 집단으로 분류하기 시작했다(Oser et al., 2006). 왜냐하면 이상의 사건들이 독재적이고 자칭 구세주라 칭하는 지도자에 의해 일어났으며 그 집단의 구성원들이 지도자의 잘못된 권위에 의해 비이성적이고 자율적이지 못한 판단에 의해 자기 파괴적 행동을 했기 때문이다. 다시 말하면 컬트의 특성이 부정적인 결과를 가져왔기 때문에 더 이상 컬

3) 컬트는 소종파(小宗派)라는 뜻으로, 대개 사회적 급변기에 생기는 현상이다. 전쟁이나 기아, 혹은 급격한 근대화에 기존의 종교나 사회의 이데올로기가 더 이상 한 사회의 정신적 구심점이 되지 못할 때 새로운 정신적 구심점을 찾기 위해 일어나는 현상이다(Wikipedia 사전).

4) Johnstown 사건은 인민사원(人民寺院, Peoples Temple)이라는 준종교 집단이 1978년 11월 18일에 Guyana Johnstown에서 집단 자살한 사건이다. 인민사원은 1953년 Jim Johns 목사가 미국 Indiana 주 Indianapolis에 처음 세운 것으로, 그 이후 Johns 목사의 기괴한 행위와 신도들의 집단 자살로 인하여 컬트의 반(反)사회성을 보여 주는 대표 사례로 언급된다.

5) 1993년 4월 19일, 미국 Texas 주 Waco에서 무장 사교 집단인 '다윗파'의 지도자 David Koresh와 그의 추종자 86명이 집단 자살을 한 사건을 말한다. 불법 총기와 마약 소지죄로 FBI의 수사를 받던 Koresh는 경찰과 51일간의 무장대치 끝에 건물에 불을 지르고 스스로 타 죽었다.

트가 중립적인 것이 아니라 부정적인 것으로 대중에게 인식되기 시작한 것이다.

컬트의 첫 번째 특성은 지도자의 리더십에 있다. 컬트의 지도자는 권위자로서 의존성을 조장하고 자율성을 억압한다. 지도자에 대해 비판하면 즉시 처벌받는다. 이는 건강한 리더십이나 종교가 아니다.

컬트의 두 번째 특성은 구성원의 특징에 있다. 보통 컬트의 추종자들은 약간 비이성적이고 부적절한 정서 장애자로 심리적 결함이 있거나 혹은 어긋나 있다고 생각하는 편견이 있다(김지숙, 2007). 그러나 대다수의 컬트 구성원은 이성적이며 정상적이다.[6] 현재의 기독교도 처음엔 컬트적인 요소를 가지고 출발했다. 사도 바울이

---

6) 어떠한 사람이 왜, 그리고 어떻게 컬트에 가입하게 되는지를 설명할 때 심리학적 접근보다는 개인사적 접근이 더 유용하다. 즉, 컬트에 가입하게 된 상황적 조건이 중요하다는 것이다. 만약에 새로 대학에 입학한 신입생이 있다고 치자. 집을 떠나 온 청년은 외롭고 당장 무엇을 해야 할지 모른다. 그는 길을 걷다 우연히 컬트 구성원을 만난다. 그는 안내된 컬트 집단에서 따뜻한 관심과 사랑을 받는다. 또 노래나 명상 등의 활동을 통해 정서적으로도 흥분되는 경험을 한다. 한두 번 모임에 참석한 후 그는 컬트 조직에 가담하게 된다.

컬트에 가입하고 난 후 그는 컬트 집단에서 행하는 작업이나 모임, 훈련에 참여하게 되면서 개인적인 삶을 거의 영위할 수 없게 된다. 그는 컬트 집단과 지도자에게 전적으로 의지하게 되고 복종하게 된다. 집단과 지도자를 비판하는 것은 있을 수 없는 일이 되며, 집단에 의지하여 그는 비윤리적인 행동도 서슴지 않게 된다.

만약 그가 자신의 이러한 점을 깨닫고 컬트 집단에서 나오게 된다면 컬트의 지도자나 구성원은 그를 잃어버린 양, 사탄에 사로잡힌 자, 저주 받은 자로 낙인찍는다. 또한 자신이 그동안 정서적으로 의지해 온 컬트 집단의 사람들로부터 떨어져 나옴으로써 외로움, 보복에 대한 두려움, 영원한 저주의 가능성에 대한 공포 및 슬픔을 느끼게 된다. 이 과정에서 컬트에 가입했던 신입생은 정신병적이지 않았다. 그는 처음 집을 떠나 외로웠을 뿐이고 무엇을 해야 할지 몰랐을 뿐이다(Oser et al., 2006).

성경에서 말하기를 초기 기독교인들이 술 취한 것처럼 인식된다고 하였다.

컬트 구성원의 평균 연령은 25~40세 정도다(Oser et al., 2006). 보통 컬트 구성원들의 평균 연령이 낮을 것이라고 생각하는 것과 다르다. 많은 컬트 구성원들은 인생의 전환기에 있다. 이것은 그들의 교육적, 사회경제적 배경에 관계없이 그렇다.

컬트 구성원이 가지는 특징 중 또 하나는 이들이 컬트에 가입하기 전에는 부모나 또래와 좋은 관계를 맺지 못하고 있었다는 것이다(Silverstein, 1988). 아동기에 아버지가 없었거나 인생의 위기에 노출되었던 사람들이 컬트에 가입하는 경향이 있었으며(Ulman, 1982), 이들에게 컬트는 강력한 권위를 행사했다고 한다. 결론적으로 컬트에 속하는 사람들의 특성은 강력하고 전능한 부모에 의해 보호받으며 양육되는 소망을 가졌다는 것이다. 그러나 이들이 알아야 하는 것은 어떠한 사람도 그러한 자신의 욕구를 충족시킬 수 없다는 것이다(Oser et al., 2006).

컬트에 대한 부정적인 인식이 팽배해 있음에도 불구하고 몇몇 연구자들은 컬트의 긍정적인 효과에 대해서 논의하기도 한다. Salzman(1953)은 컬트가 가끔씩 구성원들로 하여금 어떤 일에 대처하게 한다고 한다. Wicca[7] 집단은 동성애를 혐오하는 사람들에 의해 상처받고 실망한 여성들(특히 레즈비언)의 마음을 치유하고 힘

7) Wicca는 자연주의적 성향과 여성중심적이고 생태주의적 관점 덕분에 더욱 각광받으며 그 교세를 급속히 확장하고 있다. 1960년대 미국에서 급속하게 발전하였으며, 현재 미국 내에서만 20만 명 이상의 신도를 확보하고 있는 현대의 마녀 집단이다.

을 돋군다고도 한다(Warwick, 1995).

컬트의 효과에 대한 긍정적인 관점을 가진 사람들은 때때로 컬트가 인생의 전환기를 통과하는 데 도움이 된다고도 한다. 이들은 일시적으로 컬트에 가입했고, 그들은 그곳을 '피난처'로 느꼈다고 한다(Hood, Spilka, Hunsberger, & Gorsuch, 1996). 컬트에 가입했던 것에 대한 심리학적 효과를 검증한 비판적 연구들을 메타 분석한 Richardson(1995)의 연구에서도 컬트에 가입했던 것은 해롭기보다는 치료적이었다고 한다.

(2) 오컬트

오컬트란 마술적인 혹은 신비스럽다는 뜻이다. 오컬티즘(occultism)은 아직 종교로서는 조직적인 형태를 갖추지 못했지만 주물숭배, 마술, 악령 숭배, 심령술 등 인간을 미혹하는 저급한 사교 형태를 가리킨다(이명주, 2010).

오컬트와 관련된 연구들은 언뜻 보면 오컬트가 정신병리적 현상처럼 보이지만, 자세히 관찰해 보면 주로 청소년기에 나타나는 영적 성장의 한 방법이라고도 한다(Oser et al., 2006). 예컨대 Streib(1991)는 유럽의 청소년 집단에 의한 오컬트가 성인으로서의 정체감을 성취하기 전에 그들의 연령과 발달 단계에 적합한 비형식적인 종교에 가깝다고 했다. 더 나아가 오컬트에 대한 부정적인 대중적 관점과는 달리 많은 연구들이 십대 청소년들 일부가 오컬트 의식을 정기적으로 행하며 이들 중 대다수가 단지 호기심에 의해 오컬트를 행할 뿐, 존재론적인 문제로 오컬트를 접하지는 않는다고 한다. 보통 오컬트는 종교 집단에 가입되어 있는 사람들이 더 관심 있어 한다고 한다.

(3) 테러[8)]

테러리즘을 이해하는 데 있어 종교적인 방식을 적용하는 이유는 테러리즘에서 공격 목표를 정하고 그에 대한 폭력을 정당화하는 방식이 종교적으로 악을 규정하고 처벌하는 방식과 유사하기 때문이다(Oser et al., 2006). 9·11 테러도 종교를 표방하여 이루어졌으며, 이에 대응하는 미국의 대 테러 전쟁도 기독교 신앙에 의해 정당화되었다.

테러의 유형은 과시적 테러(demonstrative terrorism), 파괴적 테러(destructive terrorism), 자살 테러(suicide terrorism)라고 구분할 수 있다(Pape, 2003). 과시적 테러는 주로 대중성 혹은 명성을 얻으려는 데 목적이 있다. 파괴적인 테러는 적을 제압하거나 대중의 지지를 구하기 위해서 좀 더 파괴적이 되는 데 주저하지 않는다. 자살 테러(suicide terrorism)는 가장 공격적인 테러의 형태로 임무 수행 후 생존하는 것을 목적으로 하지 않으며, 테러리스트의 죽음 자체가 공격 수단이 된다.

테러 집단에 참여하는 사람들이 자신에 대해 규정하는 것은 외부인이 그들을 규정하는 것과는 많이 다르다(Silke, 2003). 테러리

8) 테러(Terror)와 테러리즘(Terrorism)은 유사한 것으로 정치적, 종교적, 사상적 목적을 이루기 위해 폭력을 행사하는 것이 합당하다고 생각하는 사상이나 정책을 말한다. 테러리스트(terrorist)란 테러리즘을 신봉하는 사람, 즉 폭력주의자를 일컫는다.

스트들은 정신적으로 이상한 사람들이 아니며, 평균 수준의 교육을 받았고, 사회경제적 지위도 보통 이상이다(Oser et al., 2006). 그들에게 테러 집단의 한 구성원이 되는 것은 전쟁이나 위기의 순간에 경찰이나 군인이 되는 것처럼 자연스럽고 정상적인 것이다(Silke, 2003). 이런 이유로 테러리즘은 집단 현상이지 개인적인 현상이 아니며, 이러한 입장에서 테러에 대해 연구해야 한다. 이를테면 실업률도 테러와 관계가 있다. 젊은이들이 일자리를 가질 수 있도록 취업 기회를 제공하는 방법도 테러를 막기 위한 하나의 방법으로 활용될 수 있다.

Kimball(2002)은 종교가 악으로 변하기 쉬운 몇 가지 조건을 정의했다. 절대적인 충성과 복종을 요구하면서 이상적인 시간(그때)을 가정하고, 목적이 수단을 정당화하며, 성전(聖戰)을 표방한다면 더 이상 그것은 종교가 아니다. 테러리즘이나 컬트는 종교와 달리 절대적인 충성과 복종을 요구하고, 이상적인 시간을 가정하며, 목적과 수단을 정당화한다. 이러한 과정을 따르는 가장 전형적인 예가 히틀러의 선동에 의한 나치즘이다.

컬트가 학대적이고 사기이며 사람을 죽인다는 측면에서 해롭다면, 테러는 수많은 선량한 사람에게 고통을 주고 해를 입힌다는 측면에서 부정적이다(Oser et al., 2006).

제5장

영성 발달에 영향을 미치는 환경

영성 발달은 개인적이면서도 사회적인 것이다. 영성은 인간의 개인적인 성장과도 관련되어 있지만, 인간이 속해 있는 다양한 환경적 요소들과의 상호작용에 의해 촉진되거나 저해된다. Roehlkepartain (2006)은 "영성이란 개인이 자아보다 큰 신성한 무엇인가에 참여하기 위해 자기 초월을 하고자 하는 인간의 본질적인 능력이다. …… 그것은 광범위한 영적 · 종교적 서술, 신념, 실천을 통해서 경험되고, 형성되고, 표현되며, 가족, 지역 사회, 사회, 문화, 그리고 자연 속에서의 영향력들에 의해 구체화된다."고 하였다. 이를 통해서 아동의 영성 발달에 영향을 미치는 환경이란 바로 아동의 영성을 구체화하는 체계라는 것을 알 수 있다.

아동 영성 연구의 선구자인 Coles(1990)도 아동의 영성은 다양한 사회문화적, 정치경제적 맥락에서 경험된다고 보았다. 더 나아가 이러한 맥락은 그 맥락 자체뿐만 아니라 그 맥락 간의 관계로 구성되는 또 다른 체계 안에서 작동된다. 그래서 아동 영성 발달을 둘러싼 환경에 관한 설명은 매우 복잡하며, 단 하나의 맥락에 의해 설명될 수는 없다. 아동 영성 발달을 둘러싼 해석은 각각의 맥락과 각 맥락 간의 상호작용을 고려하여 이루어진다.

Bronfenbrenner(1979)는 아동 발달에 생태학적 모델을 도입했다. 그는 이러한 입장에서 환경을 미시체계(microsystem), 중간체계(mesosystem), 외체계(exosystem), 거시체계(macrosystem), 시간체계(chronosystem)로 분류하고, 각 체계가 서로 상호작용하며 아동에게 영향을 미친다고 하였다. 아동은 가정이나 학교 같은 미시체계에 속해 있을 뿐만 아니라, 더 큰 사회 집단에 소속되어 있고, 각 집단의 다양한 영향력을 동시에 받기도 하며, 이에 반응하기도 한다. 따라서 아동 영성 발달을 이해하기 위해서는 가족이나 학교 외에 다른 사회 체계(지역 사회, 정치, 문화 등)가 고려되어야 한다.

이러한 생태학적 입장은 아동 영성 발달을 탐구하는 데도 유용하다. 우리는 무엇이 영적 · 종교적 발달에 영향을 주고, 이 발달을 지지하는가를 파악하기 위해 아동을 둘러싼 세 가지 주요한 생태 환경, 구체적으로 부모, 학교, 교회 공동체, 국가의 영향력에 대해 살펴보고자 한다. 우리가 이 환경들에 초점을 맞추는 것은 이들이 논리적으로도 아동의 영적 · 종교적 발달에 관계가 있을 뿐 아니라, 이들은 아동 발달과 관련되어 지금까지 경험적으로 연구되어 온 환경이기 때문이다.

1. 부모

부모는 두 가지 면에서 아동에게 영향력을 미친다. 먼저 사회화 요인으로서 아동에게 직접적인 영향력을 미친다(Oser et al., 2006). 이러한 영향은 사회적 관행이나 신념, 전통, 가치가 부모의 훈육을 통해서 아동에게 직접 전달될 때 일어난다. 이를 우리는 사회화라고 한다.

또한 아동의 영적 · 종교적 발달은 아동이 부모와 형성한 애착에 의해 간접적으로 영향을 받는다(Oser et al., 2006). 아동은 부모에게 애착한 방식으로 신적인 존재에도 애착한다. 부모에게 안정적인 애착을 했다면 신과도 안정적인 관계를 맺는다. 반대로 부모와 불안정하고 회피적인 애착을 했다면 신적인 존재와도 그러한 방식으로 관계를 맺는다. 요약하여 말하자면, 부모와 가족은 아동의 영적 · 종교적 발달에 종교적 가르침이나 관행을 통해 직접적이고 의도된 방식으로 영향을 줄 뿐만 아니라, 애착을 형성하는 것과 같은 간접적이고 의도되지 않은 방식으로 영향을 준다.

1) 직접적인 영향 요인으로서의 부모

많은 연구에서 아동의 종교적 발달에 가장 직접적이고 강력한 영향을 미치는 요인은 부모라고 한다. 예를 들어, Ozorak(1987)는 아동의 종교적 발달에 관한 부모의 영향력이 또래 집단의 영향력보다 더 크다는 것을 알아냈다. Hunsberger와 Brown(1984)의 연구에서 청소년의 영적 · 종교적 발달에 친구와 미디어의 영향은 가족에 비해 별로 크지 않은 것으로 나타났다. Goldman(1964)도 그의 연구에서 교회에 나가거나 성경을 읽거나 기도, 종교에 대한 부모의 태도에 의해 인지 능력이 낮은 아이라 할지라도 종교적 사고 능력이 뛰어날 수 있다는 결론을 내린 바 있다. 이는 종교성 발달에 관한 부모의 영향력을 보여 준다.

그러면 부모 중 어느 편이 아동의 영적 · 종교적 발달에 더 큰 영향력을 가질 것인가? Hunsberger와 Brown(1984)의 연구에서 청소년들은 어머니로부터 그들의 영적 · 종교적 발달에 가장 큰 영향을 받으며, 그다음이 교회, 아버지라고 보고했다.

이러한 연구 결과는 몇 가지로 해석해 볼 수 있다. 첫째, 어머니는 교회 참석, 가족 기도 같은 종교적 행위에서 더 중요한 역할을 하기 때문에 아동의 영적 · 종교적 발달에 아버지보다 더 영향력이 있다고 해석 가능하다(Beit-Hallahmi & Argyle, 1997).

아동의 종교에 대해서 이러한 어머니의 영향력은 아버지가 같은 종교적 신념을 가질 때 극대화된다(Hoge, & Petrillo, & Smith, 1982). 반대로 부모가 반대되는 종교적 신념을 갖는다면 아동은 종교적으로 변절할 가능성이 높아진다(Caplovitz & Sherrow, 1977). Caplovitz와 Sherrow(1977)는 가족 내의 긴장과 부모와 분리된 관계가 종교적 변절을 예측하는 주요 선행지표라고 밝혔다. Hunsberger(1983)도 부모와의 관계가 소원한 것이 종교적 변절의 선행지표 중 하나라고 했다.

Hunsberger와 Brown(1984)은 원래의 종교에 대한 신앙을 유지하고 있는 통제 집단과 비교해 보았을 때, 종교적 변절자들은 성장할 때 가정에서 종교에 대해 별로 강조하지 않았다는 것을 발견했다. 즉, 종교적 가르침이 지나쳤기 때문이 아니라 부족했기 때문에 종교적 변절자가 되었다는 것이다. 결론적으로 종교적 변절자는 충분치 못한, 혹은 부적절한 종교적 격려로부터 생긴다는 것이다.

만약 부모가 아동과 밀접하고 좋은 관계를 유지하면서 아동에게 종교적 격려를 충분히 하면서 신앙을 유지하도록 도왔다면, 아동이 후에 성인이 되어서 종교적 변절을 했다 하더라도 다시 부모의 종교로 돌아올 가능성이 높다. Beckford와 Richardson(1983)의 연구 대상은 1970년대에 큰 동요를 일으켰던 Jesus people 운동에 참여한 기독교 근본주의자 가정 출신의 청년들이었다. 이들이 비록 부모의 종교를 벗어나 Jesus people 운동에 참여했다 하더라도, 그들은 내면화된 그들 부모의 종교적 태도를 유지했고, 비록 급진적인 형태일망정 부모들에 의해 내면화된 종교적 태도를 벗어날 수 없었다.

마찬가지로 최근 연구는 부모와 자녀 간의 개방적이고 적극적인 대화가 아동의 영적 · 종교적 발달에 긍정적 영향을 끼친다는 것을 강조한다. 부모와 자녀 간의 대화를 기록한 일기를 분석한 연구에서 Boyatzis와 Janicki(2003)는 아동들이 종교적 대화를 시작하고 끝내고 이끌어 가는 데에 적극적인 역할을 하는 것을 발견했다. 더 나아가 이 연구자들은 자녀의 영적 발달에 긍정적인 영향을 미치는 부모들은 종교에 대해 개방적인 질문을 하며, 부모 자신의 종교적 견해를 강요하지 않는다는 것을 발견했다. Herzbrun(1993)은 이러한 부모와 자녀 간의 대화가 성별에 따라 어떻게 다르게 영향을 미치는지 살펴본 결과, 가족 내에서의 종교적 토론은 여성(딸)들에게 더 지속적인 영향을 미친다는 것을 발견했다.

종교적 발달은 양육 스타일에 의해서도 영향을 받는다. 순종을 강조하는 양육 스타일은 인간의 본성은 부패하였고, 죄는 처벌되어야 하며, 성경은 문자 그대로 해석되어야 한다는 종교적 태도를 조장한다는 연구(Ellison & Sherkat, 1993)가 있다. Potvin과 Sloane(1985)도 통제적인 부모를 둔 청소년은 신을 일탈 행위에 대한 처벌자로 인식하는 경향이 더 크다는 것을 발견했다. Nunn (1964)은 그의 연구에서 연구대상 중 66%의 아동들은 부모로부터 신이 자신들을 벌할 것이라는 위협을 받았다고 보고한다. 이런 현상은 사회적으로 불리한 조건을 가진 가족들에서 더 빈번히 발생하긴 하지만, 부모가 힘이 없다고 느껴서 이 때문에 힘 있고 복수심 강한 신에 의지할 필요를 느낄 때도 발생했다.

아동의 영적 · 종교적 발달의 어떠한 하위 영역이 부모에 더 많은 영향을 받을 것인가? 구체적인 질문으로서, 아동의 종교적 행위와 신념 중에서 부모에 의해 더 영향을 받는 것은 무엇일까? 종교적 행위란 외현화된 행동이며, 종교적 신념은 내면화된 신념이다. 일반적으로 종교적 신념에서보다는 종교적 행위에서 부모-자녀 간의 더 강력한 상관관계가 존재한다고 밝혀졌다. 구체적으로 Gibson(1990)은 교회 참석에 관한 부모-자녀 간의 상관관계가 기독교 신앙에 관한 부모-자녀 간의 상관관계보다 훨씬 높다는 것을 밝혔다. 마찬가지로 Ozorak(1987)은 가족의 응집력이 아동의 종교적 행위에는 영향을 주지만, 아동의 종교적 신념에는 영향을 주지 못한다고 보고했다. 같은 연구에서 종교적 신념은 아동의 연령이 높아짐에 따라 더욱 개인적이 되며, 보다 높은 지적 능력을 가진 아동일수록 종교적 신념을 독자적으로 결정하는 경향이 있다고 밝혀졌다.

결국 가족에서의 종교적 사회화에 관한 많은 연구 결과에 대한 논의는 구성주의적 견해를 지지한다(Oser et al., 2006). 즉, 부모와 자녀는 서로에게 영향을 미치면서 동시에 영향을 받는다는 것이다. 부모와의 대화를 통해 아동들은 영적 · 종교적 문제에 대해 곰곰이 생각해 볼 기회와 자신의 견해를 형성할 기회를 제공받게 된다. 또한 일방적인 가르침에 의해서가 아니라, 영적 정체성을 형성하려는 부모-자녀 간의 공동 노력으로 부모로부터 자녀에게로 종교적 견해가 전달된다. 이로 말미암아 종교의 세대 간 연속성이 강화된다(Oser et al., 2006).

2) 간접적인 영향 요인으로서의 부모

아동의 영적 · 종교적 발달에 부모는 간접적으로 영향을 미치기도 한다. 이에 관한 연구의 시초는 Rizzuto(1979)다. Rizzuto(1979)의 연구 이후, 영적 · 종교적 발달에 관한 많은 연구가 정신분석학적인 관점에서 벗어나 애착 이론의 개념을 사용하기 시작했다. 그녀는 신과 가족에 관한 질문지를 사용해서, 한 개인이 갖는 신의 이미지는 그들의 부모와의 관계에 대해 그들이 형성한 이미지와 밀접한 관련이 있음을 보여 주었다. Rizzuto(1979)의 연구 이래로 부모의 간접적 영향에 대한 연구가 정신분석학적 관점에서만 이루어지던 것에서 벗어나 보다 다양한 이론적 기반을 갖게 되었다.

아동의 영적 · 종교적 발달에 애착이 미치는 영향을 연구한 많은 연구들은 Ainsworth의 유형론을 사용했다. 첫 번째는 어려서부터 양육자와의 사이에 견고한 애착을 형성한 사람들은 신을 친근하고, 항상 보호해 주는 존재로 여기는 경향이 있다는 것이다. 이러한 가능성은 보통 유사 명제(correspondence thesis)라고 불린다. 유사 명제에 따르면 어린 시절에 형성된 견고한 애착은 그 사람이 나중에 그와 유사한 견고한 애착을 신과의 사이에서도 형성할 수 있도록 도와준다. 두 번째 가능성은 어린 시절에 불안정한 애착을 형성한 사람들은 신을 보호와 안전을 보장해 주는 존재로 여기는 경향이 있다는 것이다. 이 가능성은 보통 보상 명제(compensation thesis)라고 불린다. 보상 명제에 따르면 신은 아동기부터 견고한 애착을 내면화하지 못한 것에 대해 보상하는 대리적 애착 대상이 된다(Kirkpatrick, 1997).

Kirkpatrick과 Shaver(1990)는 213명의 성인을 대상으로 연구한 결과 이 보상 명제의 증거를 발견했다. 그들은 먼저 연구 대상자들을 애착 형태에 따라 분류하고, 그 대상자들이 가진 신에 대한 이미지를 비교했다. 또한 연구 대상의 내적, 외적 종교적 성향도 고려했다. 결과를 살펴보면 회피적 애착 형태로 분류된 성인들이 가장 종교적이었다. 그들은 신에 대한 사랑과 내적 척도에서 가장 높은 점수를 기록했고, 예배 참석, 신과의 개인적 관계에 대한 보고에서도 가장 높은 점수를 기록했다. 그들의 가정에서 종교적 활동이 드물었음을 보고한 성인들의 경우에서 이런 경향이 더욱 두드러졌다. 더욱이 회피 집단의 절반이 갑작스럽게 개종했다. 반면, 다른 두 집단에서는 9명 중 1명만이 갑작스럽게 개종했다. 하지만 안정 애착 집단과 불안정 애착 집단 간에 갑작스런 개종 경험의 차이는 매우 낮았다.

이후의 연구에서 Kirkpatrick(1997)은 첫 번째 연구 결과와 같은 결과를 얻었다. 애착 상태를 파악하기 위해 여성들을 처음 인터뷰했고, 그로부터 4년 뒤에 그들의 종교적 성향의 변화를 파악하기 위해 다시 한 번 인터뷰했다. 부모와 회피 애착을 경험했다고 보고했던 여성들의 40%가 첫 번째 인터뷰 후에 신과의 새로운 관계를 발견했다고 밝혔다. 이러한 결과는 안정적 애착 관계를 보고했던 여성 중에서는 훨씬 더 낮게 나타났다.

Granqvist(1998)도 보상 명제를 검증하였다. 그는 불안정한 애착 집단이 종교적 성향, 신과의 관계, 유신론에서 안정 애착 집단보다 더 높은 점수를 획득했음을 발견했다. 그러나 이것은 부모들이 그다지 종교적이지 않았을 때의 결과였다. 부모들이 매우 종교적이었던 학생 중에서는 안정된 애착을 형성한 학생들이 더 높은 종교성과 신과의 밀접한 관계를 표현했다. 즉, 이런 환경에서는 유사 명제가 타당했다. 즉, Granqvist(1998)의 연구 결과는 일부분만 보상 명제를 지지하고, 일부분은 유사 명제를 지지한다.

유사 명제를 지지하는 다른 연구 결과들도 존재한다. 실제로 개인이 신과 갖는 애착은 그가 부모와 형성한 애착과 유사하였으며(Piedmont, 2005), 부모에게 안정적으로 애착된 사람들은 부모의 신앙이나 신에 대한 이미지를 받아들이는 경향이 있었다(Hertel & Donahue, 1995).

부모에 대한 이미지가 다른 문화에서도 신의 이미지에 대한 유사 명제는 타당하다. 예컨대 Lambert, Triandis와 Wolf(1959)는 아동이 애정 깊은 양육을 받는 아동 중심적 사회에서는 신과 신적 인물이 자비로운 존재이지만, 거부적인 양육 형태를 가진 사회에서는 신과 다른 신적 인물들이 악의적인 경향을 보인다고 밝혔다.

연령에 따라서도 이상의 두 가설은 달리 적용된다. Eshleman, Dickie, Merasco, Shepard와 Johnson(1999)은 아동기 초기에서 중기로 넘어갈 때 아동들이 부모로부터 점점 더 멀어지는 반면, 신에 대한 친밀감은 더욱 증가한다고 보고하였다. 다시 말하면 부모로부터 독립적이 되는 사춘기에는 신이 부모 애착의 대체물이 된다고 할 수 있다.

Granqvist와 Hagekull(1999)은 애착의 안정성과 종교심의 유형 간에 관련성이 있음을 발견하였다. 성인의 경우 부모에게 안정 애착된 사람들은 사회성에 기초한 종교심을 보이는 반면, 회피 애착을 형성한 사람들은 정서에 기초한 종교심을 가지는 것으로 나타났다.

이런 결과로 보면, 아동기의 애착 경험과 이후의 종교적 성향 간의 관계는 단순하지 않고 복잡하다. 종교성은 보상적 형태로 작용할 수도 있고, 부모와 자녀 관계의 연장으로 작용할 수도 있다. 그러나 그 작용 형태가 보상적 형태로 작용할지, 유사한 형태로 작용할지를 결정하는 것은 여러 가지 복합적인 선행 조건(애착의 안정성과 유형, 그 사회의 문화, 부모의 종교성 등)이 작용한 결과로 이루어진다.

2. 학교

학교란 아동을 사회화시키는 주요한 기관이다. 학교에서 이루어지는 아동의 신체, 인지, 정서, 언어 교육은 아동 발달에 중요한 영향을 미친다. 따라서 아동의 영성 발달의 많은 부분도 학교에서 이루어질 것이라고 짐작할 수 있다.

많은 연구에서 학교는 아동의 종교적 발달이나 태도에 강한 영향력을 미치지는 못한다(Hood et al., 1996)고 한다. 많은 연구 결과들을 종합해 볼 때, 학교에서의 종교 교육 자체가 아동과 청소년의 영적·종교적 발달에 영향을 미치는 것이 아니라 가정과 학교에서의 종교 교육과 가치가 일관될 때 아동이 어떤 연령이나 종교적 판단의 단계에 있는가, 학교에서 어떤 방법으로 종교 교육을 시키는가에 따라 학교에서의 종교 교육은 그 영향력을 달리한다.

먼저 가정과 학교에서의 일관된 종교 교육이 중요하다. Francis (1987)는 영국의 가톨릭 사립학교에 다니는 약 5,000명의 청소년에게 질문지를 사용하여 연구했다. 연구 결과, 이 학교들이 학생들의 기독교 신앙에 거의 영향을 미치지 못했음이 밝혀졌다. 오히려 학교보다는 가정이 더 결정적 영향을 미치는 것으로 나타났다. 이와 일관된 연구 결과로서, Spencer(1971)는 가족으로부터 후원을 받지 못한다면 종립학교는 청소년의 종교적 가치와 가치 지향적 행동을 수정할 수 없을 것이라는 결론을 내렸다. 가정과 학교가 같은 종교적 교육 노선을 택했을 때에만 연구 대상인 청소년의 신앙과 그 후의 종교적 활동에 관한 학교의 영향력이 크게 나타났다. 즉, 학교 교육은 가정에서의 교육과 일치할 때에만 아동에게 영향을 미친다고 할 수 있다. 호주에서의 기독교 학교에 대한 연구도 같은 결과를 보였다(Hyde, 1990). Anderson(1988)은 부모 중에서 특히 어머니의 종교적, 철학적 태도가 사립 가톨릭 학교를 선택하는 데 많이 작용하는 것을 발견했다. 이럴 경우조차도 종립학교가 연구 대상 아동의 종교적 태도와 활동에 미치는 영향력은 미미했다.

두 번째, 아동의 연령에 따라 학교에서의 종교 교육이 그 영향력을 달리한다. 많은 연구에서 아동이 성장할수록, 특히 청소년기에는 종교 교육의 인기가 뚜렷하게 감소한다는 것을 보여 준다. Francis(1987)는 800명 이상의 영국 학생들을 대상으로 설문 조사를 했다. 그 결과, 종교 교육이 1학년들 사이에서는 스포츠 다음으로 두 번째 인기 있는 주제이지만, 9학년들 사이에서는 가장 인기 없는 주제로 나타났다.

연령이 높아짐에 따라 종교 교육의 영향도 뚜렷이 감소했다. 다양한 종교에 관한 지식을 포함하는 일반적 지식 면에서 종교 교육의 효과가 가장 컸고, 종교적 활동이나 헌신의 측면에서는 종교 교육의 효과가 미미했다(Oser et al., 2006).

세 번째, 종교적 판단 단계에 따라서도 종교 교육의 영향력이 달라진다. 즉, 신이 세상에 간섭할 수 있고, 기도의 효과를 믿는 학생들은 그렇지 않은 학생들보다 종교 교육을 더 잘 받아들였다. 신의 기대보다는 자기 결정이 중심이 되는 단계에서는 종교 교육의 영향력이 사라졌다.

그러나 무엇보다도 종교 교육의 영향력을 결정하는 것은 종교 교육의 특성이나 방법이다. 예를 들어, Oser와 Gmünder(1991)는 한 실험 연구에서 2개의 실험 집단을 만들어 종교적 딜레마에 관해 오랜 기간 토론을 하게 하였다. 그러고 나서 종교적 판단을 하도록 하였다. 그 결과, 문제를 토론해서 함께 해결할 기회가 부족했던 통제 집단보다 2개의 실험 집단에서 종교적 판단 단계가 더 높게 나타났다. 더욱이 이 차이는 6개월 후에 시행된 후속 연구에서도 지속되었다. 비슷한 결과가 Caldwell(1987)의 연구에서도 나타났다. 이들은 15~18세 사이의 고등학생들을 대상으로 12번의 수업 시간 동안 종교적 딜레마에 대해 토론하게 했다. 이 과정을 통해서 학생들이 종교적 판단 단계에서 발전했다.

일찍이 미국의 교육 신학자인 Coe(1917) 또한 효과적인 종교 교육 방법을 제안한 바 있다. 그는 종교 교육의 한 방법으로 사회적 상황에서의 종교적 경험을 강조하였다. 즉, 청소년들이 당면하고 있는 사회적 문제에 직접 참여함으로써 자신의 종교적 경험을 계발하도록 격려하여 종교적 가치를 실천하는 교훈이 되어야 한다는 것이다. 그러므로 종교적 발달을 이끌기 위해 학교에서 종교 교육을 하는 것은 가능하다. 그러나 그렇게 하려면 학생들로 하여금 토론에 참여하도록 하고, 자신들이 처음 가졌던 종교의 여러 가지 요소들에 대해 의문을 제기하여 이를 수정해 나갈 기회를 갖도록 해야 한다. 또한 종교적 경험을 실생활에서 하고, 사회적 문제들과 관련하여 해석하고 실천하도록 해야 할 것이다(Oser et al., 2006).

이러한 연구 결과를 통해서 볼 때, 학교는 아동의 종교적 발달에 관해 보상적 기능이나 독립적 기능을 하기보다는 보충적 기능만을 하는 것으로 여겨진다(Oser et al., 2006). 그러나 실제로 학교가 아동의 영성 발달에 어떠한 영향을 미치는지에 관한 이상의 연구 결과는 주로 종교적 지원을 받는 기독교 학교에 관한 연구에 국한되어 있다. 따라서 이 절에서 논의되는 연구 결과는 기독교 학교에 관한 연구이므로 일반화에 한계가 있다.

나라마다 공립 학교에서 명시적인 종교 교육을 하기도 하고, 그렇지 않기도 하다. 예를 들어, 프랑스에서는 공립 학교에서 종교 교육을 전혀 하지 않는다. 반면 영국에서는 종교 교육이 정부의 후원하에 이루어진다. 독일에서는 종교 교육이 교회의 후원하에 이루어지지만, 정부의 재정 지원을 받는다(Oser et al., 2006).

나라마다 종교 교육에 대한 정책이 다른 것처럼 종교 교육이 무엇인가에 대한 의견 또한 다양하다. 종교 교육이 일반적인 종교적 지식을 전하는 것이라는 견해부터, 아동으로 하여금 신앙을 갖게 하고, 종교적 활동을 하게 하며, 교회에 참석하게 하는 것이 종교 교육의 목표라고 보는 견해에 이르기까지 종교 교육에 대한 정의와 견해는 다양하다.

우리나라의 경우, 교육인적자원부 교육통계연보에 의하면 2007학년도를 기준으로 할 때, 일반계 고등학교의 학교 수는 국립 12개교, 공립 792개교, 사립 653개교로 총 1457개교가 있다. 이 중 일반계 사립 고등학교 653개교 중에 한국 기독교 학교 연맹에 등록된 기독교계 인문계 고등학교의 수는 174개교가 있는 것으로 나와 있다. 이외에도 불교 재단에서 운영하거나 기타 다른 종교 재단에서 운영하는 종립학교는 더 많을 것이다. 이들 종립학교에서 지향하는 종교 교육은 신앙적 차원에서 이루어지는 것이다.

우리나라에서는 2007년도 교육과정 개정(교육 인적 자원부 고시 제2007-79호)에서 생활과 종교 교과목에 대하여 기존의 틀을 유지하되 일부 문제점을 부분적으로 개선하였다. 제7차 생활과 종교 교육과정은 교육과정 총론의 기본 방향과 중점에 바탕을 두고, 종교 교육을 온전한 인격 형성과 바람직한 사회 구성원의 양육이라는 교양 교육의 일환으로 자리 잡도록 하는 데 중점을 두었다.

그러나 제7차 교육 과정에서 제시하는 종교 교육은 인격 형성과 바람직한 사회 구성원으로 자라도록 하기 위한 교양 교육으로서의 종교 교육이다. 따라서 이러한 교육 과정과 목표는 종립학교의 신앙적 차원의 종교 교육과 상이하여 문제의 소지가 있다. 다시 말하면 종립학교에서 지향하는 종교 교육은 신앙적 차원의 종교 교육이고, 반면 우리나라 교육과정에서 제시하는 종교 교육은 교양 교육 차원에서 이루어지는 것이다.

이러한 문제가 촉발된 것은 2004년 기독교 학교인 대광고 3학년에 재학 중이던 강의석이 교내 방송을 통해 학내 종교 자유와 예배 불참을 선언한 사건이다. 대광고는 강의석에 대해 제적 처분을 내렸으나, 이어 강의석은 학교를 상대로 퇴학 무효 소송과 가처분 신청을 내고, 국가 인권위에 진정서를 제출하였다. 일련의 소송이 이루어진 결과, 2010년에 대법원에서 "선택의 기회를 주지 않은 강제 교육과 퇴학 처분은 위법"이라는 판결이 내려졌다. 이 판결은 학생의 의사에 반한 종교 교육을 거부할 자유를 인정했다는 점에서 의미가 있다. 이 판결은 종교 교육을 실시할 학교의 권리와 학생이 누리는 종교의 자유 간에 적절한 균형을 찾아야 하며, 비록 종립학교에 종교 교육의 자유, 사학의 자유가 있지만 학생의 기본권을 침해하지 않는 범위 안에서만 행사할 수 있다고 판시했다. 이 판결에서는 종립학교의 종교 교육이 종교 교육 분량과 비중, 학생들에 대한 사전 설명과 동의 절차 여부, 종교 교육 거부나 대체 과목 선택이 가능한지 여부, 종교 교육 거부에 따른 불이익이 존재하는지 여부의 기준을 제시하고, 이러한 기준을 고려하여 지나치게 강요된 종교 교육은 위법이라는 결론을 내렸다.

즉, 우리나라의 경우에는 학생의 기본권인 종교의 자유를 침해하지 않는 범위 내에서 종립학교의 종교 교육이 이루어져야 함을 알 수 있다. 그러나 이는 종교 교육에 관한 내용이며, 영성 교육의 측면은 다르다고 볼 수 있다.

영성 교육이란 종교 교육과는 다르다. Koenig, McCullough와 Larson(2001)의 정의에 따르면 종교는 믿음, 행위, 의식과 상징으로 이루어진 조직화된 체계로서, 개인이 성스러움(the sacred) 또는 초월적인 존재(예: 신, 절대자, 궁극적 진리)에 대해 친밀감을 느끼도록 촉진하며, 개인이 타인과 갖는 관계와 타인에 대한 책임을 이해하도록 하는 기능을 한다. 이에 반해 영성은 성스러움 또는 초월자와의 관계, 의미, 삶에 관한 궁극적인 질문에 대한 답을 찾고자 하는 개인적 추구로서 종교와 관련될 수도 있지만 무관할 수도 있다. 따라서 올바른 영성 교육은 현재 위기를 맞고 있는 학교 교육의 대안이 될 수 있다. 김정신(2002b)도 현재의 유치원 교육과정에 적용할 수 있는 영성 교육을 제안한 바 있다. 김정신(2002b)는 현재 나타나고 있는 왕따, 학교 폭력, 학업 성취 위주의 학교 교육 문제를 해결할 수 있는 유용한 대안이 아동의 영성을 깨우는 것이며, 학교에서 올바른 방향과 방법으로 이루어지는 영성 교육은 반드시 필요하다고 논의하였다.

3. 교회 공동체

가족을 제외하고는 아동의 영적 · 종교적 발달에 교회 공동체보다 더 큰 영향을 줄 수 있는 환경은 거의 없으며, 교회는 종교적 신앙을 형성하는 데 중요한 역할을 한다(Oser et al., 2006). 왜냐하면 교회는 청년들이 그들의 일상의 염려를 초월할 수 있는 환경을 제공해 주고, 신적, 인간적 타자들과의 연결을 경험할 수 있는 환경을 제공해 주기 때문이다. 교회는 청년들의 정체성 형성에 중요한 영적 문제들을 탐구할 수 있는 독특한 환경을 제공한다(King, 2003).

또한 교회는 청년들을 지역 사회의 공동체에 연결해 주는데, 이는 교회가 독자적으로 존재하는 것이 아니라, 더 큰 공동체 안에서 하위 공동체로 존재하기 때문에 가능하다. 이런 가능성을 고려하면, 영적 · 종교적 발달에 미치는 교회의 영향을 경험적이고, 실증적으로 분석한 연구가 거의 없다는 것은 놀라운 일이다(Roehlkepartain, 2006).

아동에 대한 교회의 영향은 양방향적이다(Oser et al., 2006). 즉, 교회는 아동의 경험과 사고에 영향을 미치기도 하지만, 아동의 특성이 교회의 분위기와 활동의 내용을 결정하기도 한다. 그러나 아동은 작은 시스템이고, 교회는 아동보다 큰 시스템이기 때문에 아동이 교회에 주는 영향력보다 교회가 아동에게 주는 영향력이 더 크다.

그렇다면 교회가 아동의 긍정적인 영적 · 종교적 발달을 돕기 위한 조건들은 무엇인가? Roehlkepartain(2006)은 이에 대해 다음과 같이 논의했다. 첫째, 교회는 아동으로 하여금 의미 있는 긍정적 관계를 형성할 기회를 제공한다. 아동은 자신에게 헌신하는 성인들이나 또래들과 관계를 형성할 수 있다. 그러한 관계들은 또한 신앙과 가치를 만들고 전달하기 위한 장이 된다. 둘째, 교회는 영적 발달을 후원하는 분위기를 조성한다. 개인을 환영해 주고, 생각과 봉사를 격려하는 온정적인 교회들은 그렇지 못한 교회들보다 영적 발달과 신앙적 성숙을 더 촉진할 것이다.

그러나 실제 조사에 따르면 교회가 언제나 위에 기술한 것과 같은 긍정적인 영향만을 미치는 것은 아닌 것으로 보인다. 많은 연구(Osmer & Schweitzer, 2003)에 근거해 볼 때, 실제로 활기차고 영적으로 풍요로운 신앙 공동체에서 시간을 보내는 청년들의 수는 너무나 적은 것으로 보인다.

그러나 이에 반대되는 연구들도 있다. 예를 들어, Smith(2003)는 교회에 다니는 청소년을 대상으로 면접 조사한 결과, 연구 대상자 중 62%가 교회가 그들이 중요시하는 문제에 대해 생각하는 것을 도와주었다고 대답했다. 이 중 75%는 그들의 교회가 청소년들에게 온정적이며, 자신들을 환영한다고 말했다. 또한 82%는 그들의 교회가 지도력과 봉사를 위한 기회를 정규적으로 제공한다고 말했다.

우리나라의 경우 청소년의 생활시간을 살펴보면(김외숙, 이기영, 이연숙, 조희금, 이승미, 2005), 평일의 경우 참여, 봉사와 같은 종교 활동에 쏟는 시간이 평균 0분이며, 일요일은 39분에 불과하다. 이 결과는 교회가 청소년의 영적 · 종교적 발달에 어떤 영향을 미치는지를 논의하기에 앞서, 우리나라 청소년의 영적 · 종교적 발달에 필요한 시간이 절대적으로 부족함을 보여 준다. 청소년의 참여, 봉사 활동이나 종교 활동은 자기 존재의 의미와 자기 존중의 정신을 깨닫게 하고, 인간의 존엄성과 가치를 인식하게 하여 건전한 인격을 형성하는 데 도움을 준다. 이러한 가치 있는 삶의 체험은 이상적인 공동체 삶에 대한 기초를 확립해 주어 사회 참여의 기회와 사회적 책임을 실천할 기회가 된다는 면에서 매우 중요한 의미를 지니고 있음(안성호, 2001)을 상기해 볼 때, 교회 공동체나 사회적 봉사 모임에 참여할 기회와 시간을 허용해 주어야 할 것이다.

이상과 같이 교회가 아동의 영적 · 종교적 발달에 긍정적인 영향을 미치는지 그렇지 않은지에 관한 다양한 연구가 존재한다. 교회가 아동의 영적 · 종교적 발달에 많은 영향력을 미침에도 불구하고 이에 대해 과학적이고 경험적인 연구가 이루어지지 않았으며, 기존의 연구들도 뚜렷하고 일관된 결과를 도출해 내지 못하고 있다. 게다가 교회에 관한 기존의 자료들은 주로 기독교에 관한 것이거나 북미의 상황을 분석한 것이다. 따라서 이러한 자료로부터 나온 결과가 다른 지역에서도 적용된다고 볼 수 있는 과학적 근거는 없다. 이에 관한 더 많은 연구가 필요하다.

4. 국가와 문화

이처럼 영성은 아동이 성장하는 사회의 정치적, 사회적, 경제적, 문화적 조건에 의해 영향을 받는다. 먼저 아동이 속한 국가의 경제적 조건과 영성과의 관계를 살펴보면 다음과 같다. 41개국의 청년을 대상으로 연구한 The World Values Survey(1999~2001)에서는 경제적으로 덜 발전된 국가의 청년들이 더 나은 경제적 조건 속에서 사는 청년들보다 영적 · 종교적 수준이 더 높은 것으로 나타났다(Lippman & Keith, 2006). 이 결과는 국가의 경제적 조건이 아동의 영성과 정적인 상관관계를 가지고 있지 않다는 것을 말해 준다. 오히려 국가의 경제적 조건은 아동의 영성과 부적인 관계를 가지고 있다고 해석할 수 있다.

전쟁이나 자연 재해, 범죄나 학대에 상대적으로 많이 노출된 사회문화적 환경에서 자라는 경우, 사랑과 평화, 신념, 소속감, 신뢰와 같은 영적 욕구가 충족되지 않게 되어 영적 발달에 취약할 수 있다.

어떠한 사회에서든지 아동은 생각과 의식, 그리고 종교적 자유를 보장받아야 한다. 다시 말하면 아동은 종교와 관계없이 자유롭게 생각하고, 자신의 양심을 표현할 권리를 갖는다. 아동의 이러한 권리는 아동을 둘러싼 긍정적인 영적 환경 안에서 실현될 수 있다.

아동을 둘러싼 영적 환경을 이분화시켜 본다면 개인주의적 문화와 집단주의적 문화로 나눌 수 있다. 개인주의란 개인의 이익, 요구, 권리를 중요하게 여기는 사고방식이다. 개인주의 입장에서는 타인의 사회적 권리와 가치를 침해하지만 않는다면 개인의 목표와 욕구를 성취할 권리를 제한 없이 행사할 수 있다. 여기서 타인이란 가족을 비롯한 외부 집단이나 국가를 포함한다. 집단주의란 개인주의와는 반대로 개인과 집단의 이해가 상충할 때, 개인의 권리나 이익보다는 집단의 이익이 우선되는 것이다. 개인주의적 문화는 주로 서구 유럽 사회에 보편화되어 있고, 집단주의적 문화는 우리나라를 비롯한 아시아권 문화에 퍼져 있다.

개인주의에 입각한 서구 문화에서의 영성이란 '존재의 실존적 양상'을 의미하고, 반대로 집단주의에 입각한 우리나라를 비롯한 아시아권 문화에서의 영성이란 '관련적 존재양식'이다(Champagne, 2003). 즉, 우리나라를 예로 든다면 아동의 영성 발달과 영성 표현은 주로 부모, 친구, 교사를 둘러싼 관계를 통해 드러난다는 것이다. 반면, 서구에서는 아동 자신의 시간과 공간 안에서 표현되는 게임, 모방, 상징 혹은 상상을 통한 앎의 실존적 추구를 의미한다(Champagne, 2003).

이러한 의미에서 우리나라에서 아동을 대상으로 영성 교육을 할 때 관계에 초점을 맞출 필요가 있다. 조화로운 인간관계와 소속감을 통해 영성이 발현되고 자랄 수 있도록 배려해야 한다. 특히 조화로운 인간관계가 가족 안에서 시작되는데, 이를 바로 애착이라고 할 수 있다.

그러나 개인주의적 가치와 집단주의적 가치는 상반된 것이 아니다. 영성은 자신의 본질에 대한 이해인 동시에 관계를 통해 표현되고 발달되기 때문이다. 이에 대해 아메리카 원주민은 다음과 같이 말한다.

"가장 중요한 첫 번째 평화는 인간이 우주와 그의 권능과의 관계, 일치를 깨달을 때, 그리고 우주의 중심에 Wakan Tanka(아메리카 인디언 라코다 부족의 신)가 존재하고 이러한 중심이 어디에나 실재하며 우리 각자 안에도 있다는 것을 깨달을 때, 인간의 영혼 안으로부터 오는 것이다." (Myers, 1997)

즉, 개인주의적 가치와 집단주의적 가치가 균형을 이룰 때 아동의 영성 발달을 위한 최적의 조건이 형성된다고 볼 수 있다.

결론적으로 국가와 문화는 아동을 둘러싼 영적 환경으로서 의미가 있음을 알 수 있다. 특히 집단주의적 가치와 개인주의적 가치는 아동의 영적 발달과 교육에 의미 있는 환경적 요인이다.

나가는 말

이 책에서는 아동의 영성 연구와 교육의 필요성을 인식하여 아동의 영성을 정의하고, 아동 영성 교육의 방향성을 제시하고자 하였다. 그리고 영성 발달에 관한 연구를 성숙, 대처, 완성의 측면에서 살펴보고, 영성이 모든 개인에게 일어나는 것으로 성숙에 의한 것으로 파악해야 하는지 아니면 인간이라면 누구나 도달해야 하는 궁극적인 목적으로 보아야 하는지, 또는 영성을 상황에 대처하는 심리적 기능으로 보아야 하는지에 관해 논의하였다.

또한 영성 발달에 관한 여러 가지 이론을 살펴보았다. 단계 이론으로는 Goldman의 인지 단계 이론, Fowler의 신앙 발달 이론, Oser와 Gmünder의 종교적 판단과 추론의 단계 이론을 살펴보았고, 단계 이론 외의 대안 이론으로 영적 아동 운동, 인지 · 문화 이론, 발달 체계 이론을 살펴보았다. 이와 더불어 신과 같은 초월적인 존재, 기도, 죽음 등에 관한 아동의 개념이 어떻게 발달하는지 영적 발달에 관한 단계 이론과 대안 이론을 중심으로 살펴보았다.

이외에도 아동의 영성 발달과 관련된 요인들을 고찰하였다. 영성 발달과 관련된 긍정 요인으로 개인적인 요인인 건강과 복지 상태, 도덕성 발달, 대처 능력, 사회적인 요인으로 공공 봉사가 가지는 영성 발달의 관련성을 추론하여 보았다. 또한 영성 발달과 관련된 부정 요인에 개인적인 요인으로는 정신 장애, 잘못된 종교적 신념과 태도를, 사회적인 요인으로는 컬트, 오컬트, 테러를 살펴보았다. 마지막으로는 영성 발달에 영향을 미치는 환경으로 가족, 학교, 교회 공동체, 국가와 문화에 대해서 살펴보았다.

이상의 내용을 통하여 아동 발달과 교육의 입장에서 영성을 어떻게 정의해야 하는지 정리하고, 이를 유아교육이나 아동 교육에 적용할 수 있는 이론적 기초를 제시하였다. 또한 아동 영성 발달의 이론을 일목요연하게 체계적으로 정리하고, 이를 바탕으로 아동 영성 연구의 여러 가지 개념과 주제들을 다룰 수 있었다. 또한 아동 영성과 관련된 다양한 요인과 환경을 고찰함으로써, 아직 초기 단계에 있는 아동 영성 연구가 보다 풍부해지기 위해 필요한 관련 요인과 환경 요인을 제시하였다.

그러나 몇 가지 너무 많은 내용을 담고자 하다 보니 주마간산 격으로 영성에 관한 이론과 개념을 살펴본 것 같아 아쉽다. 또한 지금까지 영성에 관한 연구가 기독교를 중심으로 이루어져 이들의 연구를 참조하다 보니 1장에서 의도한 바와 달리 다문화 영성의 측면을 간과하고, 영성과 종교성을 뚜렷하게 구분하여 논의하지 못한 것 같아 미진한 부분이 있다.

그럼에도 불구하고 아직까지 아동 영성에 관한 연구가 본격적으로 이루어지지 않고 있는 현 시점에서 아동 영성을 정의하고, 그에 관한 발달 이론을 소개한 것이 이 책의 의의라고 볼 수 있다. 앞으로 아동 영성 발달은 이 책에서 제시된 아동 발달 이론들을 국내에서 검증해 보고 타당화를 시도해 볼 필요가 있다. 이 책을 바탕으로 아동 영성 연구에 관한 이론적 연구와 경험적 논거를 바탕으로 한 논의가 촉발되기를 바란다.

참고문헌

강경혜(1999). 기독교 노인의 종교 활동과 생활만족도에 관한 연구. 한성대학교 대학원 석사학위 청구논문.

고은이, 김양순(2008). 아동의 정서 지능과 영성 지능에 관한 연구. 한국놀이치료학회지, 11(3), 69-80.

권은주, 고성민(2006). 생명사상의 유아교육적 의의와 실천에 관한 연구. 한국영유아보육학, 45, 383-411.

김국환(2001). 신앙발달 이론의 한 유형으로서 종교적 판단 발달 이론. 한국기독교신학논총, 20, 161-186.

김난예(2006). 어린이를 위한 영성 계발 교육. 한국기독교신학논총, 47, 185-213.

김남주(1984). 아동의 죽음 개념에 관한 연구. 숙명여자대학교 대학원 석사학위 청구논문.

김동희(2008). 감사 프로그램이 일반계 고등학생의 주관적 안녕감에 미치는 영향. 창원대학교 대학원 석사학위논문.

김미숙, 박민정(2000). 종교가 노인의 삶의 질에 미치는 영향 연구. 한국 노년학, 20(2), 29-47.

김복영(2011). 홀리스틱 교육이 추구하는 목적으로서의 영성지능. 홀리스틱교육연구, 15(1), 115-134.

김상원(2011). 청소년의 종교, 영성과 정신건강의 관계. 한국가정관리학회 2011년 추계학술대회 자료집, 61-70.

김수정(2006). 노인의 종교 활동이 삶의 질에 미치는 영향의 경로분석. 노인복지연구, 33, 29-50.

김숙경(2004). 농촌노인의 삶의 질 향상에 영향을 미치는 요인. 노인복지연구, 23, 179-202.

김신열(2004). 종교 활동 참여가 미주 한인 노인들의 정신적 건강상태에 미치는 영향. 노인복지연구, 25, 147-168.

김영미(2010). 몬테소리 교육학파를 통한 유아영성연구. 장로회 신학대학교 석사학위 청구논문.

김외숙, 이기영, 이연숙, 조희금, 이승미(2005). 국민생활시간 활용의 국제비교. 서울: 통계청.

김용환, 최금주, 김승돈(2009). 한국에서의 영성관련 연구동향 분석 및 학문적 함의. 상담학연구, 10(2), 813-829.

김유심(2010). 생활사건 스트레스가 빈곤층 여성한부모의 우울에 미치는 영향-영적 안녕감의 조절효과를 중심으로-. 한국가족복지학, 28, 187-218.

김재영(1997). 프리드리히 하릴러의 유형론적 기도 이해. 종교와 문화, 3, 159-175.

김재영(2010). 윌리엄 제임스와 스탠리 홀의 종교이론 비교-회심논의를 중심으로. 종교연구, 61, 1-32.

김정신(2002a). 영성교육을 위한 탐색적 연구. 교육인류학연구, 5(1), 53-78.

김정신(2002b). 영성지향적 유아교육과정의 개발. 경북대학교 박사학위 청구논문.

김정신(2004). 영성지향 유아교육의 목적 설정을 위한 연구. 유아교육연구, 24(2), 107-133.

김정신(2005). 영성지향적 접근을 위한 유아교사교육의 방향 탐색. 유아교육연구, 25(2), 79-102.

김지숙(2007). 컬트브랜드 고객집단의 소비문화 특성연구. 이화여자대학교 석사학위 청구논문.

박준성, 정태연(2011). 한국인의 종교성이 행복, 봉사활동 그리고 삶의 의미에 미치는 영향. 종교연구, 64, 109-135.

서경현, 전겸구(2004). 영적 안녕, 생활 스트레스 및 대처. 한국심리학회지 건강, 9(2), 333-350.

석말숙(2004). 중도지체장애인의 종교적 특성이 심리적 적응에 미치는 영향에 관한 연구. 한국사회복지학회 학술대회 자료집, 2004(1), 371-397.

손용진(2007). 노인기의 종교변화에 따른 생활 만족도. 노인복지연구, 36, 181-200.

손원영(2009). 영성학과 기독교 교육학의 대화. 한국기독교신학논총, 61, 289-312.

손은혜, 김영주, 송연숙(2010). 감각적 영성 활동이 유아의 자기 효능감에 미치는 효과. 한국 보육지원학회지, 6(2), 117-133.

송기득(1989). 예수와 인간화. 서울: 현존사.

심미성(2006). 스트레스 완충자원으로서 삶의 의미의 역할. 가톨릭대학교 석사학위 청구논문.

안성호(2001). 여성의 사회참여와 여성경쟁력 확대방안에 대한 연구. 사회과학연구, 18(1), 119-158.

염형욱, 정성덕, 서완석, 구분훈, 배대석(2005). 노년기 영성과 불안 · 우울 및 삶의 질과의 관계. 영남의대학술지, 22(1), 27-42.

유선희(2010). 어린이 영성교육을 위한 연구. 장로회신학대학교 박사학위 청구논문.

유성경, 심혜원(2002). 적응 유연한 청소년들의 심리적 보호요소 탐색. 교육심리연구, 16(4), 189-206.

윤세중(2003). 영성시대의 교양과학. 서울: 정신세계사.

이경민(2008). 교육프로그램면에서의 유아교육 동향과 과제. 미래유아교육학회지, 15(1), 81-105.

이나미(2010). 융, 호랑이 탄 한국인과 놀다. 서울: 민음사.

이명주(2010). 오컬트 리얼리티 프로그램의 포맷 변화에 관한 연구: 토요미스테리 극장과 엑소시스트 사례분석을 중심으로. 연세대학교 석사학위 청구논문.

이순자(2003). 구르지예프, 베어 및 리소의 에니어그램 비교. 창원대학교 대학원 박사학위논문.

이원규(1987). 종교의 세속화: 사회학적 관점. 서울: 대한기독교출판사.

이원규(2009). 종교와 도덕성의 관계에 대한 연구. 신학과 세계, 64, 125-174.

이은경, 윤현숙, 이정의, 윤지영, 장은진, 김은숙(2010). 몸-마음-영성 프로그램. 서울: 소화.

이종희(1986). 한국 아동의 하느님 개념 발달에 관한 연구. 연세대학교 석사학위 청구논문.

전현식(2006). 영성이란 무엇인가. 영성의 경향, 본질 및 수운의 영적 경험. 조직신학논총, 17, 87-118.

전혜정(2004a). 노년기 종교 활동이 정신건강에 미치는 영향. 노인복지연구, 25, 169-186.

전혜정(2004b). 미국 노인의 종교 활동 참여와 우울증. 한국가정관리학회지, 22(6), 191-199.

정은미(1999). 종교와 죽음경험 유무에 따른 유아의 죽음 개념 연구. 성균관대학교 교육대학원 석사학위 청구논문.

정정미(2010). 유아 영성의 이해와 그 교육적 적용에 관한 고찰. 기독교교육정보, 27, 383-403.

조학래(1996). 자원봉사활동이 청소년의 자아정체성과 도덕성 발달에 미치는 영향 연구. 연세대학교 박사학위 청구논문.

최재락(2007). 교회 여성의 종교적 정신병리에 대한 고찰. 한국기독교상담학회지, 13, 212-234.

한내창(2002). 종교성이 정신건강에 미치는 영향에 관한 연구. 한국사회학, 36(3), 157-182.

한영란(2001). "영성" 의 교육적 의미. 교육의 이론과 실천, 6(2), 120-141.

허정철(2004). 청소년 정책수립을 위한 전인교육 프로그램이 자아정체감 형성에 미치는 영향에 관한 실증적 연구. 사회복지정책, 20, 33-62.

혜원(2002). 선체조 108. 서울: 가람기획.

황임란(2005). 에니어그램과 MBTI의 비교. 청소년학연구, 12(2), 314-335.

Allport, G. W. (1967). *The individual and his religion*. New York: The Macmillan Co.

Allport, G. W., & Ross, J. M. (1967). Personal religious orientation and prejudice. *Journal of Personality and Social Psychology, 5*, 432-443.

Andersen, D. S. (1988). Values, religion, social class and the choice of private school in Australia. *International Journal of Educational Research*, *12*, 351-373.

Anthony, S. (1999). *The child's discovery of death*. London: Routledge.

Argyle, M. (2000). *Psychology and religion: An instruction*. London: Routledge.

Atchley, R. C. (1997). *Social forces and aging*. Belmont, CA: Wadsworth Publishing company.

Atran, S., & Norenzayan, A. (2004). Religion's evolutionary landscape: Counterintuition, commitment, compassion, communion. *The Behavioral and Brain Sciences*, *27*(6), 713-730.

Astin, J. A. (1997). Stress reduction through mindfulness meditation: Effects on psychological symptomatology, sense of control, and spiritual experiences. *Psychotherapy and Psychosomatics*, *66*(2), 97-106.

Barnes, E. (1892). Theological life of a Californian child. *On Pedagogical Seminary*, *2*, 442-448.

Barrett, J. (2001). Do children experience god as adults do? In J. Anderson (Ed.), *Religion in mind: Cognitive perspectives on religious belief, ritual and experience*. Cambridge, UK: Cambridge University Press.

Barrett, J. L., & Keil, F. C. (1996). Conceptualizing a nonnatural entity: Anthropomorphism in god concepts. *Cognitive Psychology*, *31*(3), 219.

Batson, C. D., Schoenrade, P., & Ventis, W. L. (1993). *Religion and the individual*. New York: Oxford University Press.

Beckford, J. A., & Richardson, J. T. (1983). A Bibliography of Social Scientific Studies of New Religious Movements. *Social Compass*, *30*(1), 111-135.

Beit-Hallahmi, B. (1996). *Psychoanalytic studies of religion*. Westport, Conn.: Greenwood Press.

Beit-Hallahmi, B., & Argyle, M. (1997). *The psychology of religious behaviour, belief and experience*. London: Routledge.

Benson, P. L., Roehlkepartain, E. C., & Rude, S. P. (2003). Spiritual development in childhood and adolescence: Toward a field of inquiry. *Applied developmental science*, *7*(3), 205-213.

Berryman, J. W. (1997). Spirituality, Religious Education, and the Dormouse. *International Journal of Children's Spirituality*, *2*(1), 9-22.

Blakeney, R. F., & Blakeney, C. D. (2006). Delinquency: A quest for moral and spiritual integrity? In E. C. Roehlkepartain, P. E. King, L. M. Wagener, & P. L. Benson (Eds.), *The handbook of spiritual development in childhood and adolescence*. Thousand Oaks, CA: Sage Publications.

Bonanno, G. A. (2009). *The other side of sadness: What the new science of bereavement tells us about life after loss*. New York, NY: Basic Books.

Boyatzis, C. J., & Janicki, D. L. (2003). Parent-child communication about religion: Survey and diary data on unilateral transmission and bi-directional reciprocity styles. *Review of Religious Research*, *44*(3), 252-270.

Boyer, P., & Walker, S. (2000). Intuitive ontology and cultural input in the acquisition of religious concepts. In K. S. Rosengren, C. Johnson, & P. Harris (Eds.), *Imagining the impossible*. New York: Cambridge University Press.

Brickerhoff, M. B. (1986). The applicability of social distance for religious research. *Review of Religious Research*, *28*, 151-167.

Bronfenbrenner, U. (1979). *The ecology of human development*. Cambridge: Harvard Univ. Press.

Brown, L. B. (1967). Egocentric thought in petitionary prayer: Across-cultural study. *The Journal of Social Psychology, 68*, 197–210.

Brown, L. B., Wierzbicka, A., Turner, D., & Creegan, C. (1994). *The human side of prayer*. Birmingham, AL: Religious Education Press.

Bucher, A., & Reich, H. (1991). Understanding parables: A developmental analysis. In F. Oser & W. G. Scarlett (Eds.), *Religious development in childhood and adolescence*. San Francisco, CA: Jossey-bass.

Burhardt, M. A. (1989). Spirituality: Analysis of concept. *Holistic Nursing Pratice, 3*(3), 69–77.

Byers, P. (1992). The spiritual in the classroom. *Holistic Education Review, 5*(1), 6–11.

Caldwell, J. A. (1987). The development of religious and moral thinking in a religious education program. San Francisco AERA Annual Meeting.

Canda, E. R. (1988). Conceptualizing spirituality for social work: Insight from diverse perspective. *Social Thought, 14*(1), 30–46.

Cantwell, D., & Rutter, M. (2002). Classification: Conceptual issues and substantive findings. In S. B. Thielman (Ed.), *Child and adolescent psychiatry* (4th Ed.). Cambridge, MA: Blackwell Science.

Caplovitz, D., & Sherrow, F. (1977). *The religious drop-outs*. Beverly Hills: Sage Publications.

Champagne, E. (2003). Being a child, a spiritual child. *International Journal of Children's Spirituality, 8*(1), 43–53.

Coe, J. A. (1917). *A social theory of religious education*. New York: Charles Scriber's Sons.

Colby, A., & Damon, W. (1992). *Some do care*. New York: Free Press.

Coles, R. (1990). *The spiritual life of children*. Boston: Houghton Mifflin.

Coles, R. (1995). *The mind's fate*. Boston: Little, Brown and Company.

Conn, J. W. (1989). *Spirituality and personal maturity*. New York: Paulist Press.

Constantine, M. G., Donnell, P. C., & Myers, L. J. (2002). Collective self-esteem and Afri-cultural coping systems in African-American adolescents. *Journal of Black Studies*, *32*, 698-710.

Cotton, S., Larkin, E., Hoopes, A., Cromer, B., & Rosenthal, S. (2005). The impact of adolescent spirituality on depressive symptoms and health risk behaviors. *Journal of Adolescent Health*, *36*, 529.

Cousins, N. (1985). *Global spirituality. Toward the meeting of mystical paths*. Madras: University of Madras: Radhakrishnan Institute for Advanced Study in Philosophy.

Croog, S., & Levine, S. (1972). Religious identity and response to serious illness: Report on heart patients. *Social Science and Medicine*, *6*, 17-32.

Daleo, M. (1996). *Curriculum of love: Cultivating the spiritual nature of children*. Charlottesville, VA: Grace Publishing & Communications.

Davis, T. L., Kerr, B. A., & Kurpius, S. E. R. (2003). Meaning, Purpose, and Religiosity in At-Risk Youth: The Relationship between Anxiety and Spirituality. *Journal of Psychology and Theology*, *31*, 356-365.

Deconchy, J. P. (1967). *Structure guentique de lidee de dieu chez des catholiques francais*. Qarcons et filles, de 8 d 16 Ans: Bruxelles: Lumen Vitae.

Delgado, C. (2007). Sense of coherence, spirituality, stress and quality of life in chronic illness. *Journal of Nursing Scholarship*, *39*(3), 229-234.

Donnelly, D., Denaux, A., & Famere, E, J. (2005). *The holy spirit, the church, and christian unity*. Leuven: Leuven University Press.

Durkheim, E. (1954). *The ekementary forms of religious life*. Ill: Free Press.

Elkind, D. (1963). "The child's conception of his religious denomination III. The protestant child". *In Journal of Genetic Psychology*, 103.

Elkind, D. (1992). Spirituality in education. *Holistic Education Review*, *5*(1), 12-16.

Elkins, D. N., Hedstrom, L. J., Hughes, L. L., Leaf, J. A., & Saunders, C. (1988). Toward phenomenological spirituality: Definition, description, and measurement. *Journal of Humanistic Psychology, 28,* 5-18.

Ellison, C. G., & Sherkat, D. E. (1993). Conservative protestantism and support for corporal punishment. *American Sociological Review, 58,* 131-144.

Ellison, C. W. (1991). Toward an integrative measure of health and wellness. *Journal of Psychology and Theology, 19,* 35-48.

Erikson, E. H. (1958). *Young man luther.* New York: Norton.

Erikson, E. H. (1968). *Identity: Youth and crisis.* New York: Norton.

Erikson, J. A. (1992). Adolescent Religious Development and Committment: A Structural Equation Model of the Role of the Family, Peer Group and Educational Influences. *Journal for the Scientific Study of Religion, 31,* 131-152.

Eshleman, A. K., Dickie, J. R., Merasco, D. M., Shepard, A., & Johnson, M. (1999). Mother god, father god: Children's perceptions of god' distance. *International Journal for the Psychology of Religion, 9*(2), 139-146.

Exline, J. J., Yali, A. M., & Lobel, M. (1999). When god disappoints: Difficulty forgiving god and its role in negative emotion. *Journal of Health Psychology, 4*(3), 365-380.

Faulkner, K. W. (1993). Children's understanding of death. In Armstrong-Daily, A. & S. Zarbock. (Eds.) *Hospice care for children.* London: Oxford University Press. 9-22.

Feldman, R. S. (1985). *Social psychology.* New York: McGraw-Hill.

Fernhout, J. H. (1986). "Where is faith?: Searching for the core of the cube". In C. Dykstra & S. Parks (Eds.) *Faith Development and Fowler.* Birmingham, AL: Religious Education Press, 65-89.

Fowler, J. W. (1981). *Stage of faith.* New York: Harper Collins Publishers.

Fowler, J. W. (1986). Faith and the structuring of meaning. In C. Dyksra &

S. Parks (Eds.), *Faith development, and Fowler*. Birmingham, AL: Religious Education Press, 15-42.

Fox, M. (1996). *Women, nature and spirituality: An exploring into women's wilderness experience*. Unpublished master's dissertation. Griffith University, Brisbane, Australia.

Francis, L. (1987). Denominational schools and pupils' attitudes towards christianity. *British Educational Research Journal, 12*, 145-152.

Francis, L. J., & Mullen, K. (1993). Religiosity and attitudes towards drug use among 13-15 year olds in England. *Addiction, 88*(5), 665-672.

Freeman, N. H. (1980). *Strategies of representation in young children*. London: Academic Press.

Furman, E. (1974). *A child's parent dies*. New Haven: Yale University Press.

Gartley, W., & Bernasconi, M. (1967). The concept of death in children. *The Journal of Genetic Psychology*, 71-85.

George, L. K., Larson, D. B., Koenig, H. G., & McCullough, M. E. (2000). Spirituality and health: What we know, what we need to know. *Journal of Social and Clinical Psychology, 19*, 102-116.

Gesell, R. (1977). *The child from five to ten*. New York: Harper & Row.

Gibson, H. (1990). The relationship between social class and attitude towards christianity among fourteen and fifteen-year old adolescents. *Personality and Individual Differences, 11*, 631-635.

Godin, A. (1968a). *From cry to word: Contributions toward a psychology of religion*. Brussels: Lumen Vitae press.

Goldman, R. (1964). *Religious thinking from childhood to adolescence*. London: Routledge and Kegan Paul.

Good, M., & Willoughby, T. (2008). Adolescence as a sensitive period for spiritual development. *Child Development Perspectives, 2*(1), 32-37.

Gould, S. J. (1977). *Ontogeny and phylogeny*. Cambridge, MA: Harvard

University Press.

Grainger, R. (2003). *Group spirituality*. Hove, East Sussex: New York.

Granqvist, P. (1998). Religiousness and perceived childhood attachment: On the question of compensation or correspondence. *Journal for the Scientific Study of Religion*, *37*(2), 350-367.

Granqvist, P., & Hagekull, B. (1999). Religiousness and perceived childhood attachment: Profiling socialized correspondence and emotional compensation. *Journal for the Scientific Study of Religion*, *38*(2), 254-273.

Grom, T. H. (1998). *Sharing faith*. Eugene, OR: Wipf and Stock Publishers.

Groome, T. (1998). *Education for life*. Texas: Thomas More An RCL Company.

Hall, G. S. (1904). *Adolescence*. New York: D. Appleton.

Hall, G. S. (1923). *Life and confessions of a psychologist*. New York: Arno Press.

Hardy, A. C. (1979). *The spiritual nature of man*. Oxford: Clarendon Press.

Harms, E. (1944). The development of religious experience in children. *American Journal of Sociology*, *50*, 112-122.

Harris, P. L. (2000). On not falling down to earth: Children's metaphysical questions. In K. S. Rosenberg, C. N. Johnson & P. L. Harris (Eds.), *Imagining the impossible: Magial, scientific and religious thinking in children*. Cambridge, UK: Cambridge University Press.

Hart, K., & Brady, F. N. (2005). Spirituality and archetype in organizational life. *Business Ethics Quarterly*, *15*(3), 409-428.

Hay, D., & Nye, R. (1998). *The spirit of the child*. London, UK: Jessica Kingsley Publishers.

Heller, D. (1986). *The children's god*. Chicago: University of Chicago Press.

Helminiak, D. A. (1996). *The human core of spirituality mind as psyche and spirit*. Albany, New York: State University of New York Press.

Hertel, B. R., & Donahue, M. J. (1995). Parental influences on god images among children: Testing Durkheim's metaphoric parallelism. *Journal for the Scientific Study of Religion*, *34*, 186-199.

Herzbrun, M. B. (1993). Father-adolescent religious consensus in the jewish community: A preliminary report. *Journal for the Scientific Study of Religion*, *32*(2), 163.

Hoge, D. R., Petrillo, G. H., & Smith, E. I. (1982). Transmission of religious and social values from parents to teenage children. *Journal of Marriage and the Family*, *44*(3), 569-580.

Hood, R. W. (1992). Sin and guilt in faith traditions: Issues of self-esteem. In J. Schumaker (Ed.), *Religion and mental health*. New York & Oxford: Oxford University Press.

Hood, R. W., Spilka, B., Hunsberger, B., & Gorsuch, R. (1996). *The psychology of religion*. New York: Guilford Press.

Howden, J. W. (1992). Development and psychometric characteristics of the spirituality assessment scale. (Doctoral Dissertation, Texas Women' s University).

Hunsberger, B. (1983). Apostasy: A social learning perspective. *Review of Religious Research*, *25*, 158-170.

Hunsberger, B. (1995). Religion and prejudice: The role of religious fundamentalism, quest, and right-wing. *Journal of Social Issues*, *51*(2), 113.

Hunsberger, B., & Brown, L. B. (1984). Religious socialization, apostasy, and the impact of family background. *Journal for the Scientific Study of Religion*, *23*, 239-251.

Hyde, K. (1990). *Religion in childhood and adolescence*. Birmingham, Ala.: Religious Education Press.

James, W. (1902). *The varieties of religious experience*. New York: Random House.

Johnson, C., & Boyatzis, C. J. (2006). Cognitive-cultural foundations of spiritual development. In E. C. Roehlkepartain, P. E. King, L. M. Wagener, & P. L. Benson (eds.), *The handbook of spiritual development in childhood and adolescence*. Thousand oaks, CA: Sage Publications.

Johnson, R. A. (1991). *Owning Your Own Shadow: Understanding the Dark Side of the Psyche.* New York: Harpercollins publishers.

Jung, C. G. (1969). *Psychology and religion: West and east*. Princeton, N.J.: Princeton University Press.

Kaplan, P. S. (1983). *Haber & runyon's fundamentals of psychology*. Reading, MA: Addison-Wesley Pub. Co.

Kastenbaum, R. (1995). *Death, society, & human experience*. Needham Heights, MA: Allyn & Bacon.

Kelley, B. S., & Miller, L. (2007). Life satisfaction and spirituality in adolescents. *Research in the Social Scientific Study of Religion*, *18*, 233-261.

Kim, S., & Esquivel, G. B. (2011). Adolescent spirituality and resilience: Theory, research, and educational practices. *Psychology in the Schools*, *48*(7), 755-765.

Kim, Y., & Seidlitz, L. (2002). Spirituality moderates the effect of stress on emotional and physical adjustment. *Personality and Individual Differences*, *32*(8), 1377-1390.

Kimball, C. (2002). *When religion becomes evil*. San Francisco, Calif.: Harper San Francisco.

King, P. E. (2003). Religion and Identity: The Role of Ideological, Social, and Spiritual Contexts. *Applied Developmental Science*, 7(3), 197-204.

King, P. E., & Boyatzis, C. J. (2004). Exploring adolescent spiritual and religious development: Current and future theoretical and empirical perspectives. *Applied Developmental Science, 8*(1), 2-6.

King, P. E., & Furrow, J. L. (2004). Religion as a resource for positive youth development: Religion, social capital, and moral outcomes. *Developmental Psychology, 40*(5), 703-713.

Kirkpatrick, L. (1995). Attachment theory and religious experience. In I. R. W. Hood (Ed.), *Handbook of religious experience*. Birmingham, AL: Religious education press.

Kirkpatrick, L. (1997). A longitudinal study of changes in religious belief and behavior as a function of individual differences in adult attachment style. *Journal for the Scientific Study of Religion, 36*(2), 207-217.

Kirkpatrick, L., & Shaver, P. (1990). Attachment theory and religion: Childhood attachments, religious beliefs, and conversion. *Jounal for the Scientific Study of Religion, 29*, 315-334.

Koenig, H. G. (2001a). Religion and medicine IV: Religion, physical health, and clinical implications. *International Journal of Psychiatry in Medicine, 31*(3), 321-336.

Koenig, H. G. (2001b). Religion, spirituality, and medicine: How are they related and what does it mean? *Mayo Clinic Proceedings, 76*(12), 1189-1191.

Koenig, H. G., McCullough, M. E., & Larson, D. B. (2001). *Handbook of religion and health*. New York: Oxford University Press.

Koenig, H. G., Pargamen, M. H., & Nielsen, J. B. (1998). Religious Coping and Health Status in Medically Ill Hospitalized Older Adults. *Journal of Nervous & Mental Disease, 186*(9), 513-521.

Koh, K. B., & Park, J. K. (2004). Development of the cognitive stress response scale. *Journal of Korean Neuropsychiatric Association, 43*(3), 320-328.

Kohlberg, L. (1981). *Essays on moral development*. San Francisco: Harper & Row.

Koocher, G. P. (1973). Childhood, death, and cognitive development. *Developmental Psychology, 9*, 369-375.

Lambert, W., Triandis, L., & Wolf, M. (1959). Some correlates of beliefs in malevolence and benevolence of supernatural beings: Across-societal study. *Journal of Abnormal and Social Psychology, 58*, 162-169.

Langdon, A. (1969). A critical examination of Goldman's research study on religious thinking from childhood to adolescence. *Journal of Christian Education*, *12*, 37-63.

Lawson, E. L. (1996). *Victory in Jesus*. Cincinnati, Ohio: Standard Pub.

Lazar, A. (2010). Spirituality and job satisfaction among female Jewish Israeli hospital nurse. *Journal of Advanced Nursing*, *66*(2), 334-344.

Lerner, R. M., Dowling, E. M., & Anderson, P. M. (2003). Positive youth development: Thriving as the basis of personhood and civil society. *Applied Developmental Science*, *7*(3), 172-180.

Levin, T. (1996). *The hundred thousand fools of god*. Bloomington: Indiana Univ.

Lippman, L. H., & Keith, J. D. (2006). The demographics of spirituality among youth: International Perspectives. In E. C. Roehlkepartain, P. E. King, L. Wagener, & P. L. Benson. (Eds.), *The Handbook of Spiritual Development in Childhood and Adolescence*. Thousand Oaks, CA: Sage Publications.

Long, D., Elkind, D., Spilka, B. (1967). The child's conception of prayer. *Journal for the scientific study of religion 6*, 101-109.

Mascaro, N., & Rosen, D. H. (2006). The role of existential meaning as a buffer against stress. *The Journal of Humanistic Psychology*, *46*(2), 168-190.

Maton, K. I. (1989). The stress-buffering role of spiritual support: Cross-sectional and prospective investigation. *Journal for the Scientific Study of Religion*, *28*(3), 310-323.

Mattis, J. S. (2000). Psychotherapy with African American women: Innovations in psychodynamic perspectives and practice. *Sex Roles*,

43(9), 745-748.

Mattis, J. S., & Jagers, R. (2001). A relational framework for the study of religiosity and spirituality in the lives of African Americans. *Journal of community Psychology*, *29*(5), 519-539.

Meadow, M. J. (1992). Personality Maturity and Teresa's interior castle. *Pastoral Psychology*, *40*(5), 293-302.

Melear, J. D. (1973). Children's conceptions of death. *The Journal of Genetic Psychology: Research and Theory on Human Development*, *123*(2), 359-360.

Mengal, P. (1999). The concept of emergence in the XIXth century: From natural theology to biology. In B. Feltz, M. Crommelinck, & P. Goujon (eds.), *Self-organization and emergence in life science*. Dordrecht, The Netherlands: Spinger.

Mondin, B. (1991). *Philosophical anthropology*. Bangalore: Theological Publications in India.

Murphy, R. (1978). A New Approach to the Study of the Development of Religious Thinking in Children. *Educational Studies*, *4*(1), 19-22.

Myers, B. K. (1997). *Young children and spirituality*. New York: Routledge.

Nagy, M. (1948). The child's theories concerning death. *Journal of Genetic Psychology, 73*, 3-27.

Nunn, C. Z. (1964). Child-control through a "coalition with god". *Child Development*, *35*(2), 417-432.

Nye, R., & Carlson, (1984). The development of the concept of God in children. *The Journal of Genetic Psychology*, *145*, 137-142.

Nye, R., & Hay, D. (1996). Identifying children's spirituality. *British Journal of Religious Education*, *18*, 145-154.

Nye, R., & Hay, D. (2006). *The spirit of the child*. London, UK: Jessica Kingsley Publisher.

Oser, F., & Gmunder, P. (1991). *Religious judgment: A developmental approach*. Birmingham, AL: Religious Education Press.

Oser, F. K. (1991). The development of religious judgment. *New Directions for Child and Adolescent Development, 1991* (52), 5-25.

Oser, F. K., Scarlett, W. G., & Bucher, A. (2006). Religious and spiritual development throughout the life span. In W. Damon & R. M. Lerner (Vol. Eds.), *Theoretical models of human development. Volume 1 of Handbook of child psychology* (6th ed.). Hoboken, NJ: Wiley.

Osmer, R. R., & Schweitzer, F. (2003). *Religious education between modernization and globalization*. Grand Rapids, Mich.: William B. Eerdmans Publishing Co.

Otto, R. (1932). Mysticism east and west-A comparative analysis of the nature of mysticism, trans by B. L. Bracey & R. C. Payne. New York: Macmillan.

Ozorak, E. W. (1987). The development of religious beliefs and commitment in adolescence. (Doctoral dissertation, Harvard University). *Dissertation Abstracts International, 48*, Z5053.

Paloutzian, R. F., & Ellison, C. W. (1982). *Loneliness, spiritual well-being and the quality of life*. New York: John Wiley and Sons.

Pape, R. A. (2003). "The Strategic Logic of Suicide Terrorism." *American Political Science Review, 97*(3), 343-361.

Pargament, K. I. (1997). *The psychology of religion and coping: Theory, research, and practice*. New York: Guilford Press.

Pargament, K. I., Ensing, D. S., Falgout, K., Olsen, H., Reilly, B., Van Haitsma, K., & Warren, R. (1990). God help me: (I): Religious coping efforts as predictors of the outcomes to significant negative life events. *American Journal of Community Psychology, 18*, 793-824.

Pargament, K. I., Koenig, H. G., Tarakeshwar, N., & Hahn, J. (2004). Religious coping methods as predictors of psychological, physical and spiritual outcomes among medically ill elderly patients: A two-year longitudinal study. *Journal of Health Psychology, 9*(6), 713-730.

Pearce, M. J., Little, T. D., & Perez, J. E. (2003). Religiousness and depressive symptoms among adolescents. *Journal of Clinical Child and Adolescent Psychology*, *32*, 267-276.

Peatling, J. H. (1974). Cognitive development in pupils grades four through twelve: The incidence of concrete and abstract religious thinking. *Character Potential*, *7*, 52-61.

Pfister, O. (1911). Hysteria and Mystic of Margaretha Ebner (1291-1351). *Zentralblatt for Psychoanalysis and Psychotherapy*, *1*, 468-485.

Piedmont, R. L. (2005). The role of personality in understanding religious and spiritual constructs. In R. F. Paloutzian & C. L. Park (Eds.), *Handbook of the psychology of religion* (pp. 253-273). New York: Guildford Press.

Pitts, V. P. (1976). Drawing the invisible: Children's conceptualization of god. *Character Potential: A Record of Research*, *8*(1), 12-24.

Pnevmatikos, D. (2002). Conceptual changes in religious concepts of elementary schoolchildren: The case of the house where god lives. *Educational Psychology*, *22*(1), 93-112.

Pollner, M. (1989). Divine relations, social relations, and well-being. *Journal of Health and Social Behavior*, *33*, 92-104.

Potvin, R. H., & Sloane, D. M. (1985). Parental Control, Age, and Religious Practice. *Review of Religious Research*, *27*, 3-14.

Powell, L. H., Shahabi, L., & Thoresen, C. E. (2003). Religion and spirituality: Linkages to physical health. *The American Psychologist*, *58*(1), 36-52.

Pratt, J. B. (1910). An Empirical Study of Prayer. *In: American Journal of Religious Psychology and Education*, *4*, 48-67.

Pruyser, P. W. (1991). Phenomenology and dynamics of hoping. *Journal for the Study of Religion*, *1*(2), 231-456.

Ratcliff, D. E. (1985). The development of children's religious concepts: Research review. *Journal of Psychology and Christianity*, *4*, 35-43.

Regnerus, M. D., & Elder, G. H. (2003). Religion and vulnerability among low-risk adolescents. *Social Science Research*, *32*(4), 633-658.

Reich, H. (1997). Do We Need a Theory for the Religious Development of Women. *International Journal for the Psychology of Religion*, *7*, 67-86.

Reich, H. (2003). Cognitive preconditions for religious development. *Research in the Social Scientific Study of Religion*, *14*, 1-32.

Reich, H. (2005). *Jean Piaget's views on religion*. Unpublished manuscript, University of Fribourg (Switzerland).

Reimer, K. S., & Furrow, J. L. (2001). A qualitative exploration of relational consciousness in Christian children. *International Journal of Children's Spirituality*, *6*(1), 7-23.

Rest, J. R. (1983). Major component processes in the pro-education of moral behavior. In W. M. Kurtiness &, J. L. Gewirtz, *Morality, Moral Behavior and Moral Development: Basic Issues In Theory and Research*. New York: Wiley Interscience.

Richardson, J. T. (1995). Clinical and personality assessment of participants in new religions. *The International Journal for the Psychology of Religion*, *5*, 145-170.

Rizzuto, A. (1979). *The birth of the living god: A psychoaralysis study*. Chicago: University of Chicago Press.

Rizzuto, A. (2005). Psychoanalytic considerations about spiritually oriented psychotherapy. In L. Sperry & E. P. Shafranske (Eds.), *Spiritually oriented psychotherapy* (1st ed.). Washington, DC: American Psychological Association.

Robinson, E. (1983). *The original vision: A study of the religious experience of childhood*. New York: Seabury Press.

Roehlkepartain, E. C. (2006). *The handbook of spiritual development in childhood and adolescence*. Thousand Oaks, Calif.: SAGE Publications.

Rogers, C. R. (1958). A process conception of psychotherapy, *American*

Psychologist, 13, 142–149.

Rollett, B., & Kager, A. (1999). *Post-modern religiousness: A prerogative of the "new religion?" Religious emotions and religious development.* Finding of a pilot study. Lengerich, Germany: Papst.

Rosenberg, R. (1990). The development of the concept of prayer in Jewish-Israeli children and adolescents. *Studies in Jewish Education, 5,* 91–129.

Salzman, L. (1953). The psychology of religious and ideological conversion. *Psychiatry, 16,* 177–187.

Scarlett, B. (2003). God and animal pain. *Sophia-Melbourne, 42*(1), 61–76.

Scarlett, W. G., & Perriello, L. (1991). The development of prayer in adolescence. In F. Oser & W. G. Scarlett (Ed.), *Religious development in childhood and adolescence.* Sanfrancisco, CA: Jossey-Bass.

Scheindlin, L. (1999). Preparing children for spirituality. *Religious Education, 94*(2), 99.

Schneiders, S. (1989). Spirituality in the Academy. *Theological Studies, 50*(4), 676–697.

Sessanna, L., Finnell, D., & Jezewski, M. A. (2007). Spirituality in nursing and health-related literature: A concept analysis. *Journal of Holistic Nursing, 25*(4), 252–262.

Silke, A. (2003). *Terrorists, victims, and society.* Hoboken, NJ: John Wiley & Sons.

Silverstein, S. M. (1988). A study of religious conversion in North America. *Genetic, Social, and General Psychology Monographs, 114,* 261–305.

Slee, P. T. (1986). The relation of temperament and other factors to children's kindergarten adjustment. *Child Psychiatry and Human Development, 17*(2), 104–112.

Smilansky, S. (1987). *On death: Helping children understanding and cope.* New York: Peter Land.

Smith, B. W., Pargament, K. L., Brant, C., & Oliver, J. M. (2000). Noah revisited: Religious coping by church members and the impact of the 1993 midwest flood. *Journal of Community Psychology, 28*(2), 169-186.

Smith, C. (2003). Religious participation and network closure among American adolescents. *Journal for the Scientific Study of Religion, 42*(2), 259-267.

Spencer, A. E. (1971). *The future of catholic education in England and Wales*. London: Catholic Renewal Movement.

Steele, S. (1994). The multistage paradigm the spiritual path of John of the cross. *Journal of Transpersonal Psychology, 26*, 55-80.

Steiner, R. (1996). *The education of the child and early lectures on education*. N.Y.: Anthroposophic.

Stone, M. (2000). Psychopathology: Biological and psychological correlates. *Journal of the American Academy of Psychoanalysis, 28*(2), 203-235.

Streib, H. (1991). *Hermeneutics of symbol, metaphor, and narrative in faith development theory*. Frankfurt: Peter Lang.

Tamminen, K. (1976). Research concerning the development of religious thinking in Finnish students: A report of results. *Character Potential, 7*, 206-219.

Tamminen, K. (1994). Comparing Oser's and Fowler's Developmental Stages. *Journal of Empirical Theology, 7*, 75-112.

Thouless, R. H., & Brown, L. B. (1964). Petitionary Prayer: Belief in its Appropriateness and Causal Efficacy among Adolescent Girls. *Lumen Vitae, 23*, 123-136.

Thurman, C. (1991). *The truths we must believe*. Nashville: T. Nelson.

Trenholm, P., Trent. J., & Compton, W. C. (1998). Negative religious conflict as a predictor of panic disorder. *Journal of Clinical Psychology, 54*(1), 59-65.

Underhill, E. (1930). *Mysticism: A study in the nature and development of man's spiritual consciousness*. London: Methen & Co. Ltd.

Ulman, C. (1982). Cognitive and emotional antecedents of religious conversion. *Journal of Personality and Social Psychology, 43*, 183-192.

Vaillant, G. E. (2008). *Spiritual evolution*. New York: Broadway Books.

Vernon, G. M. (1970). *Sociology of death*. New York: Ronald Press Co.

Vianello, R., Tamminen, K., Jaspard, Jean-Marie, & Ratcliff, D. (1988). The religious concepts of preschoolers. In D. Ratcliff (Ed.), *Handbook of preschool religious education*. Birmingham, AL: Religious Education Press.

Walker, L., & Pitts, R. (1998). Naturalistic Conceptions of Moral Maturity. *Developmental Psychology, 34*, 403-419.

Walker, L., Pitts, R., Hennig, K., & Matsuba, M. K. (1995). Reasoning abut morality and real life problems. In M. Killen & D. Hart (Eds.), *Morality on everyday life: Developmental perspectives* (pp. 371-407). Cambridge, UK: Cambridge University Press.

Walker, E. (2003). *The mystic christ*. Norman, OK: Devi Press.

Walsh, F. (1998). *Strengthening family resilience*. NY: The Guilford Press.

Warwick, L. (1995). Feminist Wicca: Paths to empowerment. *Women & Therapy, 16*(2-3), 121-133.

Westgate, C. E. (1996). Spiritual wellness and depression. *Journal of Counseling and Development, 75*(1), 26-35.

White, H. C. (1962). *The metaphysical poets*. New York: Collier.

Wills, T. A., Yaeger, A. M., & Sandy, J. M. (2003). Buffering effect of religiosity for adolescent substance use. *Psychology of Addictive Behaviors, 17*(1), 24-31.

Wimmer, H., & Perner, J. (1983). Belief about beliefs: Representation and constraining function of wrong beliefs is young children's understanding deception. *Cognition, 13*, 103-128.

Wolf, A. D. (1996). *Nurturing the spirit in non-sectarian classrooms*. Hollidaysburg, PA: Parent Child Press.

Woolley, J. (2000). The development of beliefs about direct mental-physical causality on imagination, magic, and religion. In K. S. Rosengren, C. N. Johnson, & P. L. Harris (Eds.), Imagining the impossible(99-129), *Magical, scientific, and religious thinking in children*, Cambridge: Cambridge University Press.

Wulff, D. (1991). *Psychology of religion: Classic and contemporary views*. New York: John Wiley & Sons.

Wulff, D. (1993). On the origins and goals of religious development. *The International Journal for the Psychology of Religion, 3,* 181-186.

Yinger, J. M. (1970). *The scientific study of religion*. New York: Macmillan.

Young, J. S., Cashwell, C. S., & Shcherbakova, J. (2000). The moderating relationship of spirituality on negative life events and psychological adjustment. *Counseling and Values*, *45* (1), 49-57.

Youniss, J., Mclellan, J. A., Su, Y., & Yates, M. (1999). The role of community service in identity development: Normative, unconventional, and deviant orientations. *Journal of Adolescent Research*, *14* (2), 248-261.

Zappone, K. (1991). *The hope for wholeness: A spirituality for feminists*. Mystic, Conn.: Twenty-Third Publications.

Zohar, D., & Marshall, I. N. (2000). *SQ*. New York: Bloomsbury.

Zondag, H. J., & Belzen, J. A. (1999). Between reduction of uncertainty and reflection: The range and dynamics of religious judgment. *The International Journal for the Psychology of Religion*, *9* (1), 63-81.

찾아보기

〈인 명〉

〈내 용〉

저자소개

김영주

서울대학교 가정대학 가정관리학과(학사)
서울대학교 대학원 소비자아동학과(석사)
서울대학교 대학원 소비자아동학과(박사)
현 울산대학교 아동가정복지학과 교수

〈주요 저서〉

창의적인 아이로 키우는 전래동화 새롭게 읽기(대교출판, 2010)
부모와 교사를 위한 유아 창의성 교육(울산대 출판부, 2010)
유아의 다문화 감수성 키우기(공저, 울산대 출판부, 2010)
아동문학(공저, 양서원, 2009)
보육학개론(공저, 교육과학사, 2007)

〈주요 논문〉

감각적 영성활동이 유아의 자기 효능감에 미치는 효과(공저, 한국보육지원학회, 2010)
유아교육기관에서의 그림책을 활용한 명상 프로그램이 유아의 자기 조절력과 공격성에 미치는 효과(공저, 한국아동교육학회, 2010)
그림책을 활용한 명상활동이 유아의 자기 조절력에 미치는 효과(공저, 한국열린유아교육학회, 2009)

〈수상〉

'불교 아동문학 신인상' 수상(2010)

아동 영성 발달

2012년 5월 25일 1판 1쇄 인쇄
2012년 5월 30일 1판 1쇄 발행

지은이 • 김영주
펴낸이 • 김진환
펴낸곳 • (주) 학지사
121-837 서울특별시 마포구 서교동 352-29 마인드월드빌딩 5층
대표전화 • 02)330-5114 팩스 • 02)324-2345
등록번호 • 제313-2006-000265호

홈페이지 • http://www.hakjisa.co.kr
커뮤니티 • http://cafe.naver.com/hakjisa

ISBN 978-89-6330-821-0 93370

정가 13,000원